Autores varios

Constitución Política de la República de Colombia de 1991

Incluye las reformas de 1993, 1995, 1996, 1997, 1999, 2000, 2001, 2002, 2003, 2004 y 2005

Barcelona 2024
Linkgua-ediciones.com

Créditos

Título original: Constitución de Colombia.

© 2024, Red ediciones S.L.

e-mail: info@linkgua.com

Diseño de cubierta: Michel Mallard.

ISBN tapa dura: 978-84-9953-647-7.
ISBN rústica ilustrada: 978-84-9816-119-9.
ISBN ebook: 978-84-9897-600-7.

Sumario

Constitución Política de Colombia

Preámbulo

El pueblo de Colombia,

en ejercicio de su poder soberano, representado por sus delegatarios a la Asamblea Nacional Constituyente, invocando la protección de Dios, y con el fin de fortalecer la unidad de la Nación y asegurar a sus integrantes la vida, la convivencia, el trabajo, la justicia, la igualdad, el conocimiento, la libertad y la paz, dentro de un marco jurídico, democrático y participativo que garantice un orden político, económico y social justo, y comprometido a impulsar la integración de la comunidad latinoamericana, decreta, sanciona y promulga la siguiente:

CONSTITUCIÓN POLÍTICA DE COLOMBIA

Título I. De los principios fundamentales

Artículo 1. Colombia es un Estado social de derecho, organizado en forma de República unitaria, descentralizada, con autonomía de sus entidades territoriales, democrática, participativa y pluralista, fundada en el respeto de la dignidad humana, en el trabajo y la solidaridad de las personas que la integran y en la prevalencia del interés general.

Artículo 2. Son fines esenciales del Estado: servir a la comunidad, promover la prosperidad general y garantizar la efectividad de los principios, derechos y deberes consagrados en la Constitución; facilitar la participación de todos en las decisiones que los afectan y en la vida económica, política, administrativa y cultural de la Nación; defender la independencia nacional, mantener la integridad territorial y asegurar la convivencia pacífica y la vigencia de un orden justo.

Las autoridades de la República están instituidas para proteger a todas las personas residentes en Colombia, en su vida, honra, bienes, creencias, y demás derechos y libertades, y para asegurar el cumplimiento de los deberes sociales del Estado y de los particulares.

Artículo 3. La soberanía reside exclusivamente en el pueblo, del cual emana el poder público. El pueblo la ejerce en forma directa o por medio de sus representantes, en los términos que la Constitución establece.

Artículo 4. La Constitución es norma de normas. En todo caso de incompatibilidad entre la Constitución y la ley u otra norma jurídica, se aplicarán las disposiciones constitucionales.

Es deber de los nacionales y de los extranjeros en Colombia acatar la Constitución y las leyes, y respetar y obedecer a las autoridades.

Artículo 5. El Estado reconoce, sin discriminación alguna, la primacía de los derechos inalienables de la persona y ampara a la familia como institución básica de la sociedad.

Artículo 6. Los particulares solo son responsables ante las autoridades por infringir la Constitución y las leyes. Los servidores públicos lo son por la misma causa y por omisión o extralimitación en el ejercicio de sus funciones.

Artículo 7. El Estado reconoce y protege la diversidad étnica y cultural de la Nación colombiana.

Artículo 8. Es obligación del Estado y de las personas proteger las riquezas culturales y naturales de la Nación.

Artículo 9. Las relaciones exteriores del Estado se fundamentan en la soberanía nacional, en el respeto a la autodeterminación de los pueblos y en el reconocimiento de los principios del derecho internacional aceptados por Colombia.

De igual manera, la política exterior de Colombia se orientará hacia la integración Latinoamericana y del Caribe.

Artículo 10. El castellano es el idioma oficial de Colombia. Las lenguas y dialectos de los grupos étnicos son también oficiales en sus territorios. La enseñanza que se imparta en las comunidades con tradiciones lingüísticas propias será bilingüe.

Título II. De los derechos, las garantías y los deberes

Capítulo I. De los Derechos Fundamentales

Artículo 11. El derecho a la vida es inviolable. No habrá pena de muerte.

Artículo 12. Nadie será sometido a desaparición forzada, a torturas ni a tratos o penas crueles, inhumanos o degradantes.

Artículo 13. Todas las personas nacen libres e iguales ante la ley, recibirán la misma protección y trato de las autoridades y gozarán de los mismos derechos, libertades y oportunidades sin ninguna discriminación por razones de sexo, raza, origen nacional o familiar, lengua, religión, opinión política o filosófica.

El Estado promoverá las condiciones para que la igualdad sea real y efectiva y adoptará medidas en favor de grupos discriminados o marginados.

El Estado protegerá especialmente a aquellas personas que por su condición económica, física o mental, se encuentren en circunstancia de debilidad manifiesta y sancionará los abusos o maltratos que contra ellas se cometan.

Artículo 14. Toda persona tiene derecho al reconocimiento de su personalidad jurídica.

Artículo 15. Todas las personas tienen derecho a su intimidad personal y familiar y a su buen nombre, y el Estado debe respetarlos y hacerlos respetar. De igual modo, tienen derecho a conocer, actualizar y rectificar las informaciones que se hayan recogido sobre ellas en los bancos de datos y en archivos de entidades públicas y privadas.

En la recolección, tratamiento y circulación de datos se respetarán la libertad y demás garantías consagradas en la Constitución.

La correspondencia y demás formas de comunicación privada son inviolables. Solo pueden ser interceptados o registrados mediante orden judicial, en los casos y con las formalidades que establezca la ley.

Con el fin de prevenir la comisión de actos terroristas, una ley estatutaria reglamentará la forma y condiciones en que las autoridades que ella señale, con fundamento en serios motivos, puedan interceptar o registrar la correspondencia y demás formas de comunicación privada, sin previa orden judicial, con aviso inmediato a la Procuraduría General de la Nación y control judicial posterior dentro de las treinta y seis (36) horas siguientes. Al iniciar cada período de sesiones el Gobierno rendirá informe al Congreso sobre el uso que se haya hecho de esta facultad. Los funcionarios que abusen de las medidas a que se refiere este **Artículo** incurrirán en falta gravísima, sin perjuicio de las demás responsabilidades a que hubiere lugar.

Para efectos tributarios judiciales y para los casos de inspección, vigilancia e intervención del Estado, podrá exigirse la presentación de libros de contabilidad y demás documentos privados, en los términos que señale la ley.

(Modificado por Acto Legislativo Número 2 de 2003.)

Artículo 16. Todas las personas tienen derecho al libre desarrollo de su personalidad sin más limitaciones que las que imponen los derechos de los demás y el orden jurídico.

Artículo 17. Se prohíben la esclavitud, la servidumbre y la trata de seres humanos en todas sus formas.

Artículo 18. Se garantiza la libertad de conciencia. Nadie será molestado por razón de sus convicciones o creencias ni compelido a revelarlas ni obligado a actuar contra su conciencia.

Artículo 19. Se garantiza la libertad de cultos. Toda persona tiene derecho a profesar libremente su religión y a difundirla en forma individual o colectiva.

Todas las confesiones religiosas e iglesias son igualmente libres ante la ley.

Artículo 20. Se garantiza a toda persona la libertad de expresar y difundir su pensamiento y opiniones, la de informar y recibir información veraz e imparcial, y la de fundar medios masivos de comunicación.

Estos son libres y tienen responsabilidad social. Se garantiza el derecho a la rectificación en condiciones de equidad. No habrá censura.

Artículo 21. Se garantiza el derecho a la honra. La ley señalará la forma de su protección.

Artículo 22. La paz es un derecho y un deber de obligatorio cumplimiento.

Artículo 23. Toda persona tiene derecho a presentar peticiones respetuosas a las autoridades por motivos de interés general o particular y a obtener pronta resolución. El legislador podrá reglamentar su ejercicio ante organizaciones privadas para garantizar los derechos fundamentales.

Artículo 24. Todo colombiano, con las limitaciones que establezca la ley, tiene derecho a circular libremente por el territorio nacional, a entrar y salir de él, y a permanecer y residenciarse en Colombia.

El Gobierno Nacional podrá establecer la obligación de llevar un informe de residencia de los habitantes del territorio nacional, de conformidad con la ley estatutaria que se expida para el efecto.

(Modificado por Acto Legislativo Número 2 de 2003.)

Artículo 25. El trabajo es un derecho y una obligación social y goza, en todas sus modalidades, de la especial protección del Estado. Toda persona tiene derecho a un trabajo en condiciones dignas y justas.

Artículo 26. Toda persona es libre de escoger profesión u oficio. La ley podrá exigir títulos de idoneidad. Las autoridades competentes inspeccionarán y vigilarán el ejercicio de las profesiones. Las ocupaciones, artes y oficios que no exijan formación académica son de libre ejercicio, salvo aquellas que impliquen un riesgo social.

Las profesiones legalmente reconocidas pueden organizarse en colegios. La estructura interna y el funcionamiento de éstos deberán ser democráticos. La ley podrá asignarles funciones públicas y establecer los debidos controles.

Artículo 27. El Estado garantiza las libertades de enseñanza, aprendizaje, investigación y cátedra.

Artículo 28. Toda persona es libre. Nadie puede ser molestado en su persona o familia, ni reducido a prisión o arresto, ni detenido, ni su domicilio registrado, sino en virtud de mandamiento escrito de autoridad judicial competente, con las formalidades legales y por motivo previamente definido en la ley.

La persona detenida preventivamente será puesta a disposición del juez competente dentro de las treinta y seis (36) horas siguientes, para que este adopte la decisión correspondiente en el término que establezca la ley.

En ningún caso podrá haber detención, prisión ni arresto por deudas, ni penas y medidas de seguridad imprescriptibles.

Una ley estatutaria reglamentará la forma en que, sin previa orden judicial, las autoridades que ella señale puedan realizar detenciones, allanamientos y registros domiciliarios, con aviso inmediato a la Procuraduría General de la Nación y control judicial posterior dentro de las treinta y seis (36) horas siguientes, siempre que existan serios motivos para prevenir la comisión de actos terroristas. Al iniciar cada período de sesiones el Gobierno rendirá informe al Congreso sobre el uso que se haya hecho de esta facultad. Los funcionarios que abusen de las medidas a que se refiere este **Artículo** incurrirán en falta gravísima, sin perjuicio de las demás responsabilidades a que hubiere lugar.

Artículo 29. El debido proceso se aplicará a toda clase de actuaciones judiciales y administrativas.

Nadie podrá ser juzgado sino conforme a leyes preexistentes al acto que se le imputa, ante juez o tribunal competente y con observancia de la plenitud de las formas propias de cada juicio.

En materia penal, la ley permisiva o favorable, aun cuando sea posterior, se aplicará de preferencia a la restrictiva o desfavorable.

Toda persona se presume inocente mientras no se la haya declarado judicialmente culpable. Quien sea sindicado tiene derecho a la defensa y a la asistencia de un abogado escogido por él, o de oficio, durante la investigación y el juzgamiento; a un debido proceso público sin dilaciones injustificadas; a presentar pruebas y a controvertir las que se alleguen en su contra; a impugnar la sentencia condenatoria, y a no ser juzgado dos veces por el mismo hecho.

Es nula, de pleno derecho, la prueba obtenida con violación del debido proceso.

Artículo 30. Quien estuviere privado de su libertad, y creyere estarlo ilegalmente, tiene derecho a invocar ante cualquier autoridad judicial, en todo tiempo, por sí o por interpuesta persona, el Habeas Corpus, el cual debe resolverse en el término de treinta y seis horas.

Artículo 31. Toda sentencia judicial podrá ser apelada o consultada, salvo las excepciones que consagre la ley.

El superior no podrá agravar la pena impuesta cuando el condenado sea apelante único.

Artículo 32. El delincuente sorprendido en flagrancia podrá ser aprehendido y llevado ante el juez por cualquier persona. Si los agentes de la autoridad lo persiguieren y se refugiare en su propio domicilio, podrán penetrar en él, para el acto de la aprehensión; si se acogiere a domicilio ajeno, deberá preceder requerimiento al morador.

Artículo 33. Nadie podrá ser obligado a declarar contra sí mismo o contra su cónyuge, compañero permanente o parientes dentro del cuarto grado de consanguinidad, segundo de afinidad o primero civil.

Artículo 34. Se prohíben las penas de destierro, prisión perpetua y confiscación.

No obstante, por sentencia judicial, se declarará extinguido el dominio sobre los bienes adquiridos mediante enriquecimiento ilícito, en perjuicio del Tesoro público o con grave deterioro de la moral social.

Artículo 35. La extradición se podrá solicitar, conceder u ofrecer de acuerdo con los tratados públicos y, en su defecto, con la ley.

Además, la extradición de los colombianos por nacimiento se concederá por delitos cometidos en el exterior, considerados como tales en la legislación penal colombiana. La Ley reglamentará la materia.

La extradición no procederá por delitos políticos.

No procederá la extradición cuando se trate de hechos cometidos con anterioridad a la promulgación de la presente norma.

(**Artículo** modificado por Acto Legislativo Número 1 de 1997.)

Artículo 36. Se reconoce el derecho de asilo en los términos previstos en la ley.

Artículo 37. Toda parte del pueblo puede reunirse y manifestarse pública y pacíficamente. Solo la ley podrá establecer de manera expresa los casos en los cuales se podrá limitar el ejercicio de este derecho.

Artículo 38. Se garantiza el derecho de libre asociación para el desarrollo de las distintas actividades que las personas realizan en sociedad.

Artículo 39. Los trabajadores y empleadores tienen derecho a constituir sindicatos o asociaciones, sin intervención del Estado. Su reconocimiento jurídico se producirá con la simple inscripción del acta de Constitución.

La estructura interna y el funcionamiento de los sindicatos y organizaciones sociales y gremiales se sujetarán al orden legal y a los principios democráticos.

La cancelación o la suspensión de la personería jurídica solo procede por vía judicial.

Se reconoce a los representantes sindicales el fuero y las demás garantías necesarias para el cumplimiento de su gestión.

No gozan del derecho de asociación sindical los miembros de la Fuerza Pública.

Artículo 40. Todo ciudadano tiene derecho a participar en la conformación, ejercicio y control del poder político. Para hacer efectivo este derecho puede:

1. Elegir y ser elegido.
2. Tomar parte en elecciones, plebiscitos, referendos, consultas populares y otras formas de participación democrática.
3. Constituir partidos, movimientos y agrupaciones políticas sin limitación alguna; formar parte de ellos libremente y difundir sus ideas y programas.
4. Revocar el mandato de los elegidos en los casos y en la forma que establecen la Constitución y la ley.
5. Tener iniciativa en las corporaciones públicas.
6. Interponer acciones públicas en defensa de la Constitución y de la ley.
7. Acceder al desempeño de funciones y cargos públicos, salvo los colombianos, por nacimiento o por adopción, que

tengan doble nacionalidad. La ley reglamentará esta excepción y determinará los casos a los cuales ha de aplicarse.

Las autoridades garantizarán la adecuada y efectiva participación de la mujer en los niveles decisorios de la Administración Pública.

Artículo 41. En todas las instituciones de educación, oficiales o privadas, serán obligatorios el estudio de la Constitución y la Instrucción Cívica. Asimismo se fomentarán prácticas democráticas para el aprendizaje de los principios y valores de la participación ciudadana. El Estado divulgará la Constitución.

Capítulo II. De los derechos sociales, económicos y culturales

Artículo 42. La familia es el núcleo fundamental de la sociedad. Se constituye por vínculos naturales o jurídicos, por la decisión libre de un hombre y una mujer de contraer matrimonio o por la voluntad responsable de conformarla.

El Estado y la sociedad garantizan la protección integral de la familia. La ley podrá determinar el patrimonio familiar inalienable e inembargable. La honra, la dignidad y la intimidad de la familia son inviolables.

Las relaciones familiares se basan en la igualdad de derechos y deberes de la pareja y en el respeto recíproco entre todos sus integrantes.

Cualquier forma de violencia en la familia se considera destructiva de su armonía y unidad, y será sancionada conforme a la ley.

Los hijos habidos en el matrimonio o fuera de él, adoptados o procreados naturalmente o con asistencia científica, tienen iguales derechos y deberes. La ley reglamentará la progenitura responsable.

La pareja tiene derecho a decidir libre y responsablemente el número de sus hijos, y deberá sostenerlos y educarlos mientras sean menores o impedidos.

Las formas del matrimonio, la edad y capacidad para contraerlo, los deberes y derechos de los cónyuges, su separación y la disolución del vínculo, se rigen por la ley civil.

Los matrimonios religiosos tendrán efectos civiles en los términos que establezca la ley.

Los efectos civiles de todo matrimonio cesarán por divorcio con arreglo a la ley civil.

También tendrán efectos civiles las sentencias de nulidad de los matrimonios religiosos dictadas por las autoridades de la respectiva religión, en los términos que establezca la ley.

La ley determinará lo relativo al estado civil de las personas y los consiguientes derechos y deberes.

Artículo 43. La mujer y el hombre tienen iguales derechos y oportunidades. La mujer no podrá ser sometida a ninguna clase de discriminación. Durante el embarazo y después del parto gozará de especial asistencia y protección del Estado, y recibirá de éste subsidio alimentario si entonces estuviere desempleada o desamparada.

El Estado apoyará de manera especial a la mujer cabeza de familia.

Artículo 44. Son derechos fundamentales de los niños: la vida, la integridad física, la salud y la seguridad social, la alimentación equilibrada, su nombre y nacionalidad, tener una familia y no ser separados de ella, el cuidado y amor, la educación y la cultura, la recreación y la libre expresión de su opinión. Serán protegidos contra toda forma de abandono, violencia física o moral, secuestro, venta, abuso sexual, explotación laboral o económica y trabajos riesgosos. Gozarán también de los demás derechos consagrados en la Constitución, en las leyes y en los tratados internacionales ratificados por Colombia.

La familia, la sociedad y el Estado tienen la obligación de asistir y proteger al niño para garantizar su desarrollo armónico e integral y el ejercicio pleno de sus derechos. Cualquier persona puede exigir de la autoridad competente su cumplimiento y la sanción de los infractores.

Los derechos de los niños prevalecen sobre los derechos de los demás.

Artículo 45. El adolescente tiene derecho a la protección y a la formación integral.

El Estado y la sociedad garantizan la participación activa de los jóvenes en los organismos públicos y privados que tengan a cargo la protección, educación y progreso de la juventud.

Artículo 46. El Estado, la sociedad y la familia concurrirán para la protección y la asistencia de las personas de la tercera edad y promoverán su integración a la vida activa y comunitaria.

El Estado les garantizará los servicios de la seguridad social integral y el subsidio alimentario en caso de indigencia.

Artículo 47. El Estado adelantará una política de previsión, rehabilitación e integración social para los disminuidos físicos, sensoriales y psíquicos, a quienes se prestará la atención especializada que requieran.

Artículo 48. La Seguridad Social es un servicio público de carácter obligatorio que se prestará bajo la dirección, coordinación y control del Estado, en sujeción a los principios de eficiencia, universalidad y solidaridad, en los términos que establezca la Ley.

Se garantiza a todos los habitantes el derecho irrenunciable a la Seguridad Social.

El Estado, con la participación de los particulares, ampliará progresivamente la cobertura de la Seguridad Social que comprenderá la prestación de los servicios en la forma que determine la Ley.

La Seguridad Social podrá ser prestada por entidades públicas o privadas, de conformidad con la ley.

No se podrán destinar ni utilizar los recursos de las instituciones de la Seguridad Social para fines diferentes a ella.

La ley definirá los medios para que los recursos destinados a pensiones mantengan su poder adquisitivo constante.

El Estado garantizará los derechos, la sostenibilidad financiera del Sistema Pensional, respetará los derechos adquiridos con arreglo a la ley y asumirá el pago de la deuda pensional que de acuerdo con la ley esté a su cargo. Las leyes en materia pensional que se expidan con posterioridad a la entrada en vigencia de este acto legislativo, deberán asegurar la sostenibilidad financiera de lo establecido en ellas.

Sin perjuicio de los descuentos o deducciones y embargos a pensiones ordenados de acuerdo con la ley, por ningún motivo podrá dejarse de pagar, congelarse o reducirse el valor de la mesada de las pensiones reconocidas conforme a derecho.

Para adquirir el derecho a la pensión será necesario cumplir con la edad, el tiempo de servicio, las semanas de cotización o el capital necesario, así como las demás condiciones que señala la ley, sin perjuicio de lo dispuesto para las pensiones de invalidez y sobrevivencia. Los requisitos y beneficios para adquirir el derecho a una pensión de invalidez o de sobrevivencia serán los establecidos por las leyes del Sistema General de Pensiones.

En materia pensional se respetarán todos los derechos adquiridos.

Los requisitos y beneficios pensionales para todas las personas, incluidos los de pensión de vejez por actividades de alto riesgo, serán los establecidos en las leyes del Sistema General de Pensiones. No podrá dictarse disposición o invocarse acuerdo alguno para apartarse de lo allí establecido.

Para la liquidación de las pensiones solo se tendrán en cuenta los factores sobre los cuales cada persona hubiere efectuado las cotizaciones. Ninguna pensión podrá ser inferior al salario mínimo legal mensual vigente. Sin embargo, la ley podrá determinar los casos en que se puedan conceder beneficios económicos periódicos inferiores al salario mínimo, a personas de escasos recursos que no cumplan con las condiciones requeridas para tener derecho a una pensión.

A partir de la vigencia del presente Acto Legislativo, no habrá regímenes especiales ni exceptuados, sin perjuicio del aplicable a la fuerza pública, al Presidente de la República y a lo establecido en los parágrafos del presente **Artículo**.

Las personas cuyo derecho a la pensión se cause a partir de la vigencia del presente Acto Legislativo no podrán recibir más de trece (13) mesadas pensionales al año. Se entiende que la pensión se causa cuando se cumplen todos los requisitos para acceder a ella, aun cuando no se hubiese efectuado el reconocimiento.

La ley establecerá un procedimiento breve para la revisión de las pensiones reconocidas con abuso del derecho o sin el cumplimiento de los requisitos establecidos en la ley o en las convenciones y laudos arbitrales válidamente celebrados.

Parágrafo 1.º A partir del 31 de julio de 2010, no podrán causarse pensiones superiores a veinticinco (25) salarios mínimos legales mensuales vigentes, con cargo a recursos de naturaleza pública.

Parágrafo 2.º A partir de la vigencia del presente Acto Legislativo no podrán establecerse en pactos, convenciones colectivas de trabajo, laudos o acto jurídico alguno, condiciones pensionales diferentes a las establecidas en las leyes del Sistema General de Pensiones.

Parágrafo transitorio 1.º El régimen pensional de los docentes nacionales, nacionalizados y territoriales, vinculados al servicio público educativo oficial es el establecido para el Magisterio en las disposiciones legales vigentes con anterioridad a la entrada en vigencia de la Ley 812 de 2003, y lo preceptuado en el **Artículo 81** de esta. Los docentes que se hayan vinculado o se vinculen a partir de la vigencia de la citada ley, tendrán los derechos de prima media establecidos en las leyes del Sistema General de Pensiones, en los términos del **Artículo 81** de la Ley 812 de 2003.

Parágrafo transitorio 2.º Sin perjuicio de los derechos adquiridos, el régimen aplicable a los miembros de la Fuerza Pública y al Presidente de la República, y lo establecido en los parágrafos del presente **Artículo**, la vigencia de los regímenes pensionales especiales, los exceptuados, así como cualquier otro distinto al establecido de manera permanente en las leyes del Sistema General de Pensiones expirará el 31 de julio del año 2010.

Parágrafo transitorio 3.º Las reglas de carácter pensional que rigen a la fecha de vigencia de este Acto Legislativo contenidas en pactos, convenciones colectivas de trabajo, laudos o acuerdos válidamente celebrados, se mantendrán por el término inicialmente estipulado. En los pactos, convenciones o laudos que se suscriban entre la vigencia de este Acto Legislativo y el 31 de julio de 2010, no podrán estipularse condiciones pensionales más favorables que las que se encuentren actualmente vigentes. En todo caso perderán vigencia el 31 de julio de 2010.

Parágrafo transitorio 4.º El régimen de transición establecido en la Ley 100 de 1993 y demás normas que desarrollen dicho régimen, no podrá extenderse más allá del 31 de julio de 2010; excepto para los trabajadores que estando en dicho régimen, además, tengan cotizadas al menos 750 semanas o su equivalente en tiempo de servicios a la entrada en vigencia del presente Acto Legislativo, a los cuales se les mantendrá dicho régimen hasta el año 2015.

Los requisitos y beneficios pensionales para las personas cobijadas por este régimen serán los exigidos por el **Artículo** 36 de la Ley 100 de 1993 y demás normas que desarrollen dicho régimen.

Parágrafo transitorio 5.º De conformidad con lo dispuesto por el **Artículo** 140 de la Ley 100 de 1993 y el Decreto 2090 de 2003, a partir de la entrada en vigencia de este último decreto, a los miembros del cuerpo de custodia y vigilancia Penitenciaria y Carcelaria Nacional se les aplicará el régimen de alto riesgo contemplado en el mismo. A quienes ingresaron con anterioridad a dicha fecha se aplicará el régimen hasta ese entonces vigente para dichas personas por razón de los riesgos de su labor, este es el dispuesto para el efecto por la Ley 32 de 1986, para lo cual deben haberse cubierto las cotizaciones correspondientes.

Parágrafo transitorio 6.° Se exceptúan de lo establecido por el inciso 8.° del presente **Artículo**, aquellas personas que perciban una pensión igual o inferior a tres (3) salarios mínimos legales mensuales vigentes, si la misma se causa antes del 31 de julio de 2015, quienes recibirán catorce (14) mesadas pensionales al año.

(**Artículo** modificado por Decreto 100 del 20 de Enero de 2005 y por Decretos 2545 y 2576 de Julio de 2005.)

Artículo 49. La atención de la salud y el saneamiento ambiental son servicios públicos a cargo del Estado. Se garantiza a todas las personas el acceso a los servicios de promoción, protección y recuperación de la salud.

Corresponde al Estado organizar, dirigir y reglamentar la prestación de servicios de salud a los habitantes y de saneamiento ambiental conforme a los principios de eficiencia, universalidad y solidaridad. También, establecer las políticas para la prestación de servicios de salud por entidades privadas, y ejercer su vigilancia y control. Asimismo, establecer las competencias de la Nación, las entidades territoriales y los particulares, y determinar los aportes a su cargo en los términos y condiciones señalados en la ley.

Los servicios de salud se organizarán en forma descentralizada, por niveles de atención y con participación de la comunidad.

La ley señalará los términos en los cuales la atención básica para todos los habitantes será gratuita y obligatoria.

Toda persona tiene el deber de procurar el cuidado integral de su salud y la de su comunidad.

Artículo 50. Todo niño menor de un año que no esté cubierto por algún tipo de protección o de seguridad social, tendrá derecho a recibir atención gratuita en todas las instituciones de salud que reciban aportes del Estado. La ley reglamentará la materia.

Artículo 51. Todos los colombianos tienen derecho a vivienda digna. El Estado fijará las condiciones necesarias para hacer efectivo este derecho y promoverá planes de vivienda de interés social, sistemas adecuados de financiación a largo plazo y formas asociativas de ejecución de estos programas de vivienda.

Artículo 52. El ejercicio del deporte, sus manifestaciones recreativas, competitivas y autóctonas tienen como función la formación integral de las personas, preservar y desarrollar una mejor salud en el ser humano.

El deporte y la recreación, forman parte de la educación y constituyen gasto público social.

Se reconoce el derecho de todas las personas a la recreación, a la práctica del deporte y al aprovechamiento del tiempo libre.

El Estado fomentará estas actividades e inspeccionará, vigilará y controlará las organizaciones deportivas y recreativas cuya estructura y propiedad deberán ser democráticas.

(Modificado por Acto Legislativo Número 2 de 2000.)

Artículo 53. El Congreso expedirá el estatuto del trabajo. La ley correspondiente tendrá en cuenta por lo menos los siguientes principios mínimos fundamentales:

Igualdad de oportunidades para los trabajadores; remuneración mínima vital y móvil, proporcional a la cantidad y calidad de trabajo; estabilidad en el empleo; irrenunciabilidad a los beneficios mínimos establecidos en normas laborales; facultades para transigir y conciliar sobre derechos inciertos y discutibles; situación más favorable al trabajador en caso de duda en la aplicación e interpretación de las fuentes formales de derecho; primacía de la realidad sobre formalidades establecidas por los sujetos de las relaciones laborales; garantía a la seguridad social, la capacitación, el adiestramiento y el descanso necesario; protección especial a la mujer, a la maternidad y al trabajador menor de edad.

El estado garantiza el derecho al pago oportuno y al reajuste periódico de las pensiones legales.

Los convenios internacionales del trabajo debidamente ratificados, hacen parte de la legislación interna.

La ley, los contratos, los acuerdos y convenios de trabajo, no pueden menoscabar la libertad, la dignidad humana ni los derechos de los trabajadores.

Artículo 54. Es obligación del Estado y de los empleadores ofrecer formación y habilitación profesional y técnica a quienes lo requieran. El Estado debe propiciar la ubicación laboral de las personas en edad de trabajar y garantizar a los minusválidos el derecho a un trabajo acorde con sus condiciones de salud.

Artículo 55. Se garantiza el derecho de negociación colectiva para regular las relaciones laborales, con las excepciones que señale la ley. Es deber del Estado promover la concertación y los demás medios para la solución pacífica de los conflictos colectivos de trabajo.

Artículo 56. Se garantiza el derecho de huelga, salvo en los servicios públicos esenciales definidos por el legislador.

La ley reglamentará este derecho.

Una comisión permanente integrada por el Gobierno, por representantes de los empleadores y de los trabajadores, fomentará las buenas relaciones laborales, contribuirá a la solución de los conflictos colectivos de trabajo y concertará las políticas salariales y laborales. La ley reglamentará su composición y funcionamiento.

Artículo 57. La ley podrá establecer los estímulos y los medios para que los trabajadores participen en la gestión de las empresas.

Artículo 58. Se garantizan la propiedad privada y los demás derechos adquiridos con arreglo a las leyes civiles, los cuales no pueden ser desconocidos ni vulnerados por leyes posteriores. Cuando de la aplicación de una ley expedida por motivos de utilidad pública o interés social, resultaren en conflicto los derechos de los particulares con la necesidad por ella reconocida, el interés privado deberá ceder al interés público o social.

La propiedad es una función social que implica obligaciones. Como tal, le es inherente una función ecológica.

El Estado protegerá y promoverá las formas asociativas y solidarias de propiedad.

Por motivos de utilidad pública o de interés social definidos por el legislador, podrá haber expropiación mediante sentencia judicial e indemnización previa. Esta se fijará consultando los intereses de la comunidad y del afectado. En los casos que determine el legislador, dicha expropiación podrá adelantarse por vía administrativa, sujeta a posterior acción contenciosa-administrativa, incluso respecto del precio.

(Modificado por Acto Legislativo Número 1 de 1999.)

Artículo 59. En caso de guerra y solo para atender a sus requerimientos, la necesidad de una expropiación podrá ser decretada por el Gobierno Nacional sin previa indemnización.

En el expresado caso, la propiedad inmueble solo podrá ser temporalmente ocupada, para atender a las necesidades de la guerra, o para destinar a ella sus productos.

El Estado será siempre responsable por las expropiaciones que el Gobierno haga por sí o por medio de sus agentes.

Artículo 60. El Estado promoverá, de acuerdo con la ley, el acceso a la propiedad.

Cuando el Estado enajene su participación en una empresa, tomará las medidas conducentes a democratizar la titularidad de sus acciones, y ofrecerá a sus trabajadores, a las organizaciones solidarias y de trabajadores, condiciones especiales para acceder a dicha propiedad accionaria. La ley reglamentará la materia.

Artículo 61. El Estado protegerá la propiedad intelectual por el tiempo y mediante las formalidades que establezca la ley.

Artículo 62. El destino de las donaciones intervivos o testamentarias, hechas conforme a la ley para fines de interés social, no podrá ser variado ni modificado por el legislador, a menos que el objeto de la donación desaparezca. En este caso, la ley asignará el patrimonio respectivo a un fin similar.

El Gobierno fiscalizará el manejo y la inversión de tales donaciones.

Artículo 63. Los bienes de uso público, los parques naturales, las tierras comunales de grupos étnicos, las tierras de resguardo, el patrimonio arqueológico de la Nación y los demás bienes que determine la ley, son inalienables, imprescriptibles e inembargables.

Artículo 64. Es deber del Estado promover el acceso progresivo a la propiedad de la tierra de los trabajadores agrarios, en forma individual o asociativa, y a los servicios de educación, salud, vivienda, seguridad social, recreación, crédito, comunicaciones, comercialización de los productos, asistencia técnica y empresarial, con el fin de mejorar el ingreso y calidad de vida de los campesinos.

Artículo 65. La producción de alimentos gozará de la especial protección del Estado. Para tal efecto, se otorgará prioridad al desarrollo integral de las actividades agrícolas, pecuarias, pesqueras, forestales y agroindustriales, así como también a la construcción de obras de infraestructura física y adecuación de tierras.

De igual manera, el Estado promoverá la investigación y la transferencia de tecnología para la producción de alimentos y materias primas de origen agropecuario, con el propósito de incrementar la productividad.

Artículo 66. Las disposiciones que se dicten en materia crediticia podrán reglamentar las condiciones especiales del crédito agropecuario, teniendo en cuenta los ciclos de las cosechas y de los precios, como también los riesgos inherentes a la actividad y las calamidades ambientales.

Artículo 67. La educación es un derecho de la persona y un servicio público que tiene una función social; con ella se busca el acceso al conocimiento, a la ciencia, a la técnica, y a los demás bienes y valores de la cultura.

La educación formará al colombiano en el respeto a los derechos humanos, a la paz y a la democracia; y en la práctica del trabajo y la recreación, para el mejoramiento cultural, científico, tecnológico y para la protección del ambiente.

El Estado, la sociedad y la familia son responsables de la educación, que será obligatoria entre los cinco y los quince años de edad y que comprenderá como mínimo, un año de preescolar y nueve de educación básica.

La educación será gratuita en las instituciones del Estado, sin perjuicio del cobro de derechos académicos a quienes puedan sufragarlos.

Corresponde al Estado regular y ejercer la suprema inspección y vigilancia de la educación con el fin de velar por su calidad, por el cumplimiento de sus fines y por la mejor formación moral, intelectual y física de los educandos; garantizar el adecuado cubrimiento del servicio y asegurar a los menores las condiciones necesarias para su acceso y permanencia en el sistema educativo.

La Nación y las entidades territoriales participarán en la dirección, financiación y administración de los servicios educativos estatales, en los términos que señalen la Constitución y la ley.

Artículo 68. Los particulares podrán fundar establecimientos educativos. La ley establecerá las condiciones para su creación y gestión.

La comunidad educativa participará en la dirección de las instituciones de educación.

La enseñanza estará a cargo de personas de reconocida idoneidad ética y pedagógica. La Ley garantiza la profesionalización y dignificación de la actividad docente.

Los padres de familia tendrán derecho de escoger el tipo de educación para sus hijos menores. En los establecimientos del Estado ninguna persona podrá ser obligada a recibir educación religiosa.

Las integrantes de los grupos étnicos tendrán derecho a una formación que respete y desarrolle su identidad cultural.

La erradicación del analfabetismo y la educación de personas con limitaciones físicas o mentales, o con capacidades excepcionales, son obligaciones especiales del Estado.

Artículo 69. Se garantiza la autonomía universitaria. Las universidades podrán darse sus directivas y regirse por sus propios estatutos, de acuerdo con la ley.

La ley establecerá un régimen especial para las universidades del Estado.

El Estado fortalecerá la investigación científica en las universidades oficiales y privadas y ofrecerá las condiciones especiales para su desarrollo.

El Estado facilitará mecanismos financieros que hagan posible el acceso de todas las personas aptas a la educación superior.

Artículo 70. El Estado tiene el deber de promover y fomentar el acceso a la cultura de todos los colombianos en igualdad de oportunidades, por medio de la educación permanente y la enseñanza científica, técnica, artística y profesional en todas las etapas del proceso de creación de la identidad nacional.

La cultura en sus diversas manifestaciones es fundamento de la nacionalidad. El Estado reconoce la igualdad y dignidad de todas las que conviven en el país. El Estado promoverá la investigación, la ciencia, el desarrollo y la difusión de los valores culturales de la Nación.

Artículo 71. La búsqueda del conocimiento y la expresión artística son libres. Los planes de desarrollo económico y social incluirán el fomento a las ciencias y, en general, a la cultura. El Estado creará incentivos para personas e instituciones que desarrollen y fomenten la ciencia y la tecnología y las demás manifestaciones culturales y ofrecerá estímulos especiales a personas e instituciones que ejerzan estas actividades.

Artículo 72. El patrimonio cultural de la Nación está bajo la protección del Estado. El patrimonio arqueológico y otros bienes culturales que conforman la identidad nacional, pertenecen a la Nación y son inalienables, inembargables e imprescriptibles. La ley establecerá los mecanismos para readquirirlos cuando se encuentren en manos de particulares y reglamentará los derechos especiales que pudieran tener los grupos étnicos asentados en territorios de riqueza arqueológica.

Artículo 73. La actividad periodística gozará de protección para garantizar su libertad e independencia profesional.

Artículo 74. Todas las personas tienen derecho a acceder a los documentos públicos salvo los casos que establezca la ley.

El secreto profesional es inviolable.

Artículo 75. El espectro electromagnético es un bien público inenajenable e imprescriptible sujeto a la gestión y control del Estado. Se garantiza la igualdad de oportunidades en el acceso a su uso en los términos que fije la ley.

Para garantizar el pluralismo informativo y la competencia, el Estado intervendrá por mandato de la ley para evitar las prácticas monopolísticas en el uso del espectro electromagnético.

Artículo 76. Derogado

(**Artículo** derogado por Decreto 2887 de 2001.)

Artículo 77. El Congreso de la República, a iniciativa del Gobierno, expedirá la ley que fijará la política en materia de televisión

(**Artículo** modificado por Decreto 2887 de 2001.)

Capítulo III. De los derechos colectivos y del ambiente

Artículo 78. La ley regulará el control de calidad de bienes y servicios ofrecidos y prestados a la comunidad, así como la información que debe suministrarse al público en su comercialización.

Serán responsables, de acuerdo con la ley, quienes en la producción y en la comercialización de bienes y servicios, atenten contra la salud, la seguridad y el adecuado aprovisionamiento a consumidores y usuarios.

El Estado garantizará la participación de las organizaciones de consumidores y usuarios en el estudio de las disposiciones que les conciernen. Para gozar de este derecho las organizaciones deben ser representativas y observar procedimientos democráticos internos.

Artículo 79. Todas las personas tienen derecho a gozar de un ambiente sano. La ley garantizará la participación de la comunidad en las decisiones que puedan afectarlo.

Es deber del Estado proteger la diversidad e integridad del ambiente, conservar las áreas de especial importancia ecológica y fomentar la educación para el logro de estos fines.

Artículo 80. El Estado planificará el manejo y aprovechamiento de los recursos naturales, para garantizar su desarrollo sostenible, su conservación, restauración o sustitución.

Además, deberá prevenir y controlar los factores de deterioro ambiental, imponer las sanciones legales y exigir la reparación de los daños causados.

Asimismo, cooperará con otras naciones en la protección de los ecosistemas situados en las zonas fronterizas.

Artículo 81. Queda prohibida la fabricación, importación, posesión y uso de armas químicas, biológicas y nucleares, así como la introducción al territorio nacional de residuos nucleares y desechos tóxicos.

El Estado regulará el ingreso al país y la salida de él de los recursos genéticos, y su utilización, de acuerdo con el interés nacional.

Artículo 82. Es deber del Estado velar por la protección de la integridad del espacio público y por su destinación al uso común, el cual prevalece sobre el interés particular.

Las entidades públicas participarán en la plusvalía que genere su acción urbanística y regularán la utilización del suelo y del espacio aéreo urbano en defensa del interés común.

Capítulo IV. De la protección y aplicación de los derechos

Artículo 83. Las actuaciones de los particulares y de las autoridades públicas deberán ceñirse a los postulados de la buena fe, la cual se presumirá en todas las gestiones que aquellos adelanten ante éstas.

Artículo 84. Cuando un derecho o una actividad hayan sido reglamentados de manera general, las autoridades públicas no podrán establecer ni exigir permisos, licencias o requisitos adicionales para su ejercicio.

Artículo 85. Son de aplicación inmediata los derechos consagrados en los **Artículos** 11, 12, 13, 14, 15, 16, 17, 18, 19, 20, 21, 23, 24, 26, 27, 28, 29, 30, 31, 33, 34, 37 y 40.

Artículo 86. Toda persona tendrá acción de tutela para reclamar ante los jueces, en todo momento y lugar, mediante un procedimiento preferente y sumario, por sí misma o por quien actúe a su nombre, la protección inmediata de sus derechos constitucionales fundamentales, cuando quiera que éstos resulten vulnerados o amenazados por la acción o la omisión de cualquier autoridad pública.

La protección consistirá en una orden para que aquel respecto de quien se solicita la tutela, actúe o se abstenga de hacerlo. El fallo, que será de inmediato cumplimiento, podrá impugnarse ante el juez competente y, en todo caso, éste lo remitirá a la Corte Constitucional para su eventual revisión.

Esta acción solo procederá cuando el afectado no disponga de otro medio de defensa judicial, salvo que aquella se utilice como mecanismo transitorio para evitar un perjuicio irremediable.

En ningún caso podrán transcurrir más de diez días entre la solicitud de tutela y su resolución.

La ley establecerá los casos en los que la acción de tutela procede contra particulares encargados de la prestación de un servicio público o cuya conducta afecte grave y directamente el interés colectivo, o respecto de quienes el solicitante se halle en estado de subordinación o indefensión.

Artículo 87. Toda persona podrá acudir ante la autoridad judicial para hacer efectivo el cumplimiento de una ley o un acto administrativo. En caso de prosperar la acción, la sentencia ordenará a la autoridad renuente el cumplimiento del deber omitido.

Artículo 88. La ley regulará las acciones populares para la protección de los derechos e intereses colectivos, relacionados con el patrimonio, el espacio, la seguridad y la salubridad públicos, la moral administrativa, el ambiente, la libre competencia económica y otros de similar naturaleza que se definen en ella.

También regulará las acciones originadas en los daños ocasionados a un número plural de personas, sin perjuicio de las correspondientes acciones particulares.

Asimismo, definirá los casos de responsabilidad civil objetiva por el daño inferido a los derechos e intereses colectivos.

Artículo 89. Además de los consagrados en los **Artículos** anteriores, la ley establecerá los demás recursos, las acciones, y los procedimientos necesarios para que puedan propugnar por la integridad del orden jurídico, y por la protección de sus derechos individuales, de grupo o colectivos, frente a la acción u omisión de las autoridades públicas.

Artículo 90. El Estado responderá patrimonialmente por los daños antijurídicos que le sean imputables, causados por la acción o la omisión de las autoridades públicas.

En el evento de ser condenado el Estado a la reparación patrimonial de uno de tales daños, que haya sido consecuencia de la conducta dolosa o gravemente culposa de un agente suyo, aquél deberá repetir contra éste.

Artículo 91. En caso de infracción manifiesta de un precepto constitucional en detrimento de alguna persona, el mandato superior no exime de responsabilidad al agente que lo ejecuta.

Los militares en servicio quedan exceptuados de esta disposición. Respecto de ellos, la responsabilidad recaerá únicamente en el superior que da la orden.

Artículo 92. Cualquier persona natural o jurídica podrá solicitar de la autoridad competente la aplicación de las sanciones penales o disciplinarias derivadas de la conducta de las autoridades públicas.

Artículo 93. Los tratados y convenios internacionales ratificados por el Congreso, que reconocen los derechos humanos y que prohíben su limitación en los estados de excepción, prevalecen en el orden interno.

Los derechos y deberes consagrados en esta Carta, se interpretarán de conformidad con los tratados internacionales sobre derechos humanos ratificados por Colombia.

El Estado Colombiano puede reconocer la jurisdicción de la Corte Penal Internacional en los términos previstos en el Estatuto de Roma adoptado el 17 de julio de 1998 por la Conferencia de Plenipotenciarios de las Naciones Unidas y, consecuentemente, ratificar este tratado de conformidad con el procedimiento establecido en esta Constitución.

La admisión de un tratamiento diferente en materias sustanciales por parte del Estatuto de Roma con respecto a las garantías contenidas en la Constitución tendrá efectos exclusivamente dentro del ámbito de la materia regulada en él.

Modificado por el Acto Legislativo 2/2001. Fueron agregados incisos 3.º y 4.º

Artículo 94. La enunciación de los derechos y garantías contenidos en la Constitución y en los convenios internacionales vigentes, no debe entenderse como negación de otros que, siendo inherentes a la persona humana, no figuren expresamente en ellos.

Capítulo V. De los deberes y obligaciones

Artículo 95. La calidad de colombiano enaltece a todos los miembros de la comunidad nacional. Todos están en el deber de engrandecerla y dignificarla. El ejercicio de los derechos y libertades reconocidos en esta Constitución implica responsabilidades.

Toda persona está obligada a cumplir la Constitución y las leyes.

Son deberes de la persona y del ciudadano:

1. Respetar los derechos ajenos y no abusar de los propios;
2. Obrar conforme al principio de solidaridad social, respondiendo con acciones humanitarias ante situaciones que pongan en peligro la vida o la salud de las personas;
3. Respetar y apoyar a las autoridades democráticas legítimamente constituidas para mantener la independencia y la integridad nacionales.
4. Defender y difundir los derechos humanos como fundamento de la convivencia pacífica;

5. Participar en la vida política, cívica y comunitaria del país;

6. Propender al logro y mantenimiento de la paz;

7. Colaborar para el buen funcionamiento de la administración de la justicia;

8. Proteger los recursos culturales y naturales del país y velar por la conservación de un ambiente sano;

9. Contribuir al financiamiento de los gastos e inversiones del Estado dentro de conceptos de justicia y equidad.

Título III. De los habitantes y del territorio

Capítulo I. De la Nacionalidad

Artículo 96. Son nacionales colombianos:

1. Por nacimiento:

a) Los naturales de Colombia, que con una de dos condiciones: que el padre o la madre hayan sido naturales o nacionales colombianos o que, siendo hijos de extranjeros, alguno de sus padres estuviere domiciliado en la República en el momento del nacimiento y;

b) Los hijos de padre o madre colombianos que hubieren nacido en tierra extranjera y fuego se domiciliaren en territorio colombiano o registraren en una oficina consular de la República.

2. Por adopción:

a) Los extranjeros que soliciten y obtengan carta de naturalización, de acuerdo con la ley, la cual establecerá los casos en los cuales se pierde la nacionalidad colombiana por adopción;

b) Los Latinoamericanos y del Caribe por nacimiento domiciliados en Colombia, que con autorización del Gobierno y de acuerdo con la ley y el principio de reciprocidad, pidan ser inscritos como colombianos ante la municipalidad donde se establecieren, y;

c) Los miembros de los pueblos indígenas que comparten territorios fronterizos, con aplicación del principio de reciprocidad según tratados públicos.

Ningún colombiano por nacimiento podrá ser privado de su nacionalidad. La calidad de nacional colombiano no se pierde por el hecho de adquirir otra nacionalidad. Los nacionales por adopción no estarán obligados a renunciar a su nacionalidad de origen o adopción.

Quienes hayan renunciado a la nacionalidad colombiana podrán recobrarla con arreglo a la ley.

(**Artículo** modificado por Acto Legislativo 1/2002.)

Artículo 97. El colombiano, aunque haya renunciado a la calidad de nacional, que actúe contra los intereses del país en guerra exterior contra Colombia, será juzgado y penado como traidor.

Los colombianos por adopción y los extranjeros domiciliados en Colombia, no podrán ser obligados a tomar las armas contra su país de origen; tampoco lo serán los colombianos nacionalizados en país extranjero, contra el país de su nueva nacionalidad.

Capítulo II. De la Ciudadanía

Artículo 98. La ciudadanía se pierde de hecho cuando se ha renunciado a la nacionalidad, y su ejercicio se puede suspender en virtud de decisión judicial en los casos que determine la ley.

Quienes hayan sido suspendidos en el ejercicio de la ciudadanía, podrán solicitar su rehabilitación.

Parágrafo. Mientras la ley no decida otra edad, la ciudadanía se ejercerá a partir de los dieciocho años.

Artículo 99. La calidad de ciudadano en ejercicio es condición previa e indispensable para ejercer el derecho de sufragio, para ser elegido y para desempeñar cargos públicos que lleven anexa autoridad o jurisdicción.

Capítulo III. De los extranjeros

Artículo 100. Los extranjeros disfrutarán en Colombia de los mismos derechos civiles que se conceden a los colombianos. No obstante, la ley podrá, por razones de orden público, subordinar a condiciones especiales o negar el ejercicio de determinados derechos civiles a los extranjeros.

Asimismo, los extranjeros gozarán, en el territorio de la República, de las garantías concedidas a los nacionales, salvo las limitaciones que establezcan la Constitución o la ley.

Los derechos políticos se reservan a los nacionales, pero la ley podrá conceder a los extranjeros residentes en Colombia el derecho al voto en las elecciones y consultas populares de carácter municipal o distrital.

Capítulo IV. Del Territorio

Artículo 101. Los límites de Colombia son los establecidos en los tratados internacionales aprobados por el Congreso, debidamente ratificados por el Presidente de la República, y los definidos por los laudos arbitrales en que sea parte la Nación.

Los límites señalados en la forma prevista por esta Constitución, solo podrán modificarse en virtud de tratados aprobados por el Congreso, debidamente ratificados por el Presidente de la República.

Forman parte de Colombia, además del territorio continental, el archipiélago de San Andrés, Providencia, y Santa Catalina, la Isla de Malpelo y demás islas, islotes, cayos, morros y bancos que le pertenecen.

También son parte de Colombia, el subsuelo, el mar territorial, la zona contigua, la plataforma continental, la zona económica exclusiva, el espacio aéreo, el segmento de la órbita geoestacionaria, el espectro electromagnético y el espacio donde actúa, de conformidad con el Derecho Internacional o con las leyes colombianas a falta de normas internacionales.

Artículo 102. El territorio, con los bienes públicos que de él forman parte, pertenecen a la Nación.

Título IV. De la participación democrática y de los partidos políticos

Capítulo I. De las formas de participación democrática

Artículo 103. Son mecanismos de participación del pueblo en ejercicio de su soberanía: el voto, el plebiscito, el referendo, la consulta popular, el cabildo abierto, la iniciativa legislativa y la revocatoria del mandato. La ley los reglamentará.

El Estado contribuirá a la organización, promoción y capacitación de las asociaciones profesionales, cívicas, sindicales, comunitarias, juveniles, benéficas o de utilidad común no gubernamentales, sin detrimento de su autonomía con el objeto de que constituyan mecanismos democráticos de representación en las diferentes instancias de participación, concertación, control y vigilancia de la gestión pública que se establezcan.

Artículo 104. El Presidente de la República, con la firma de todos los ministros y previo concepto favorable del Senado de la República, podrá consultar al pueblo decisiones de trascendencia nacional. La decisión del pueblo será obligatoria. La consulta no podrá realizarse en concurrencia con otra elección.

Artículo 105. Previo cumplimiento de los requisitos y formalidades que señale el estatuto general de la organización territorial y en los casos que éste determine, los Gobernadores y Alcaldes según el caso, podrán realizar consultas populares para decidir sobre asuntos de competencia del respectivo departamento o municipio.

Artículo 106. Previo el cumplimiento de los requisitos que la ley señale y en los casos que ésta determine, los habitantes de las entidades territoriales podrán presentar proyectos sobre asuntos que son de competencia de la respectiva corporación pública, la cual está obligada a tramitarlos; decidir sobre las disposiciones de interés de la comunidad a iniciativa de la autoridad o corporación correspondiente o por no menos del 10 % de los ciudadanos inscritos en el respectivo censo electoral; y elegir representantes en las juntas de las empresas que prestan servicios públicos dentro de la entidad territorial respectiva.

Capítulo II. De los partidos y de los movimientos políticos

Artículo 107. Se garantiza a todos los ciudadanos el derecho a fundar, organizar y desarrollar partidos y movimientos políticos, y la libertad de afiliarse a ellos o de retirarse.

En ningún caso se permitirá a los ciudadanos pertenecer simultáneamente a más de un partido o movimiento políticos con personería jurídica.

Los partidos y movimientos políticos se organizarán democráticamente. Para la toma de sus decisiones o la escogencia de sus candidatos podrán celebrar consultas populares o internas que coincidan o no con las elecciones a corporaciones públicas, de acuerdo con lo previsto en sus estatutos. En el caso de las consultas populares se aplicarán las normas sobre financiación y publicidad de campañas y acceso a los medios de comunicación del Estado, que rigen para las elecciones ordinarias. Quien participe en las consultas de un partido o movimiento político no podrá inscribirse por otro en el mismo proceso electoral

También se garantiza a las organizaciones sociales el derecho a manifestarse y participar en eventos políticos.

(**Artículo** modificado por Acto Legislativo Número 1 de 2003.)

Artículo 108. El Consejo Nacional Electoral reconocerá personería jurídica a los partidos, movimientos políticos y grupos significativos de ciudadanos. Estos podrán obtenerlas con votación no inferior al dos por ciento (2 %) de los votos emitidos válidamente en el territorio nacional en elecciones de Cámara de Representantes o Senado. Las perderán si no consiguen ese porcentaje en las elecciones de las mismas Corporaciones Públicas. Se exceptúa el régimen excepcional que se estatuya en la ley para las circunscripciones de minorías, en las cuales bastará haber obtenido representación en el Congreso.

Los partidos y movimientos políticos con personería jurídica reconocida podrán inscribir candidatos a elecciones sin requisito adicional alguno.

Dicha inscripción deberá ser avalada para los mismos efectos por el respectivo representante legal del partido o movimiento o por quien él delegue.

Los movimientos sociales y grupos significativos de ciudadanos también podrán inscribir candidatos.

La ley determinará los requisitos de seriedad para la inscripción de candidatos.

Los estatutos de los partidos y movimientos políticos regularán lo atinente a su régimen disciplinario interno. Los miembros de las Corporaciones Públicas elegidos por un mismo partido o movimiento político o ciudadano actuarán en ellas como bancada en los términos que señale la ley y de conformidad con las decisiones adoptadas democráticamente por estas.

Los estatutos internos de los partidos y movimientos políticos determinarán los asuntos de conciencia respecto de los cuales no se aplicará este régimen y podrán establecer sanciones por la inobservancia de sus directrices por parte de los miembros de las bancadas, las cuales se fijarán gradualmente hasta la expulsión, y podrán incluir la pérdida del derecho de voto del congresista, diputado, concejal o edil por el resto del período para el cual fue elegido.

Parágrafo transitorio 1.º Los partidos y movimientos políticos con Personería Jurídica reconocida actualmente y con representación en el Congreso, conservarán tal personería hasta las siguientes elecciones de Congreso que se realicen con posterioridad a la promulgación del presente Acto Legislativo, de cuyos resultados dependerá que la conserven de acuerdo con las reglas dispuestas en la Constitución.

Para efectos de participar en cualquiera de las elecciones que se realicen desde la entrada en vigencia de esta Reforma hasta las siguientes elecciones de Congreso, los partidos y movimientos políticos con representación en el Congreso podrán agruparse siempre que cumplan con los requisitos de votación exigidos en la presente Reforma para la obtención de las personerías jurídicas de los partidos y movimientos políticos y obtengan personería jurídica que reemplazará a la de quienes se agrupen. La nueva agrupación así constituida gozará de los beneficios y cumplirá las obligaciones, consagrados en la Constitución para los partidos y movimientos políticos en materia electoral.

Parágrafo transitorio 2.º Un número plural de Senadores o Representantes a la Cámara, cuya sumatoria de votos en las pasadas elecciones de Congreso hayan obtenido más del dos por ciento (2 %) de los votos válidos emitidos para Sena do de la República en el Territorio Nacional, podrán solicitar el reconocimiento de la Personería jurídica de partido o movimiento político. Esta norma regirá por tres (3) meses a partir de su promulgación.

(**Artículo** modificado por Acto Legislativo Número 1 de 2003.)

Artículo 109. El Estado concurrirá a la financiación de los partidos y movimientos políticos con personería jurídica, de conformidad con la ley.

Las campañas que adelanten los partidos y movimientos con personería jurídica y los grupos significativos de ciudadanos que postulen candidatos serán financiadas con recursos estatales mediante el sistema de reposición por votos depositados.

La ley determinará el porcentaje de votación necesario para tener derecho a dicha financiación.

También se podrá limitar el monto de los gastos que los partidos, movimientos o candidatos puedan realizar en las campañas electorales, así como la máxima cuantía de las contribuciones privadas, de acuerdo con la ley.

Las campañas para elegir Presidente de la República dispondrán de acceso a un máximo de espacios publicitarios y espacios institucionales de radio y televisión costeados por el Estado, para aquellos candidatos de partidos, movimientos y grupos significativos de ciudadanos cuya postulación cumpla los requisitos de seriedad que, para el efecto, determine la ley.

Para las elecciones que se celebren a partir de la vigencia del presente acto legislativo, la violación de los topes máximos de financiación de las campañas, debidamente comprobada, será sancionada con la pérdida de investidura o del cargo. La ley reglamentará los demás efectos por la violación de este precepto.

Los partidos, movimientos y candidatos deberán rendir públicamente cuentas sobre el volumen, origen y destino de sus ingresos.

Parágrafo. La financiación anual de los partidos y movimientos políticos con Personería Jurídica ascenderá como mínimo a dos punto siete veces la aportada en el año 2003, manteniendo su valor en el tiempo.

La cuantía de la financiación de las campañas de los partidos y movimientos políticos con personería jurídica será por lo menos tres veces la aportada en el período 1999-2002 en pesos constantes de 2003. Ello incluye el costo del transporte del día de elecciones y el costo de las franquicias de correo hoy financiadas.

Las consultas populares internas de los partidos y movimientos que opten por este mecanismo recibirán financiación mediante el sistema de reposición por votos depositados, manteniendo para ello el valor en pesos constantes vigente en el momento de aprobación de este Acto Legislativo.

Parágrafo transitorio. El Congreso reglamentará estas materias. En lo concerniente a las elecciones departamentales y municipales, tal reglamentación deberá estar lista a más tardar tres meses antes de su realización. Si no lo hiciere, el Gobierno Nacional dictará un decreto con fuerza de ley antes del cierre de las inscripciones correspondientes.

(**Artículo** modificado por Acto Legislativo Número 1 de 2003.)

Artículo 110. Se prohíbe a quienes desempeñan funciones públicas hacer contribución alguna a los partidos, movimientos o candidatos, o inducir a otros a que lo hagan, salvo las excepciones que establezca la ley. El incumplimiento de cualquiera de estas prohibiciones será causal de remoción del cargo o de pérdida de la investidura.

Artículo 111. Los partidos y movimientos políticos con personería jurídica tienen derecho a utilizar los medios de comunicación que hagan uso del espectro electromagnético, en todo tiempo, conforme a la ley. Ella establecerá asimismo los casos y la forma como los partidos, los movimientos políticos y los candidatos debidamente inscritos, tendrán acceso a dichos medios.

(**Artículo** modificado por Acto Legislativo Número 1 de 2003.)

Capítulo III. Del estatuto de la oposición

Artículo 112. Los partidos y movimientos políticos con personería jurídica que se declaren en oposición al Gobierno, podrán ejercer libremente la función crítica frente a este, y plantear y desarrollar alternativas políticas. Para estos efectos, se les garantizarán los siguientes derechos: el acceso a la información y a la documentación oficial, con las restricciones constitucionales y legales; el uso de los medios de comunicación social del Estado o en aquellos que hagan uso del espectro electromagnético de acuerdo con la representación obtenida en las elecciones para Congreso inmediatamente anteriores; la réplica en los mismos medios de comunicación.

Los partidos y movimientos minoritarios con personería jurídica tendrán derecho a participar en las mesas directivas de los cuerpos colegiados, según su representación en ellos.

Una ley estatutaria reglamentará íntegramente la materia.

(**Artículo** modificado por Acto Legislativo Número 1 de 2003.)

Título V. De la organización del estado

Capítulo I. De la estructura del Estado

Artículo 113. Son Ramas del Poder Público, la legislativa, la ejecutiva, y la judicial.

Además de los órganos que las integran existen otros, autónomos e independientes, para el cumplimiento de las demás funciones del Estado. Los diferentes órganos del Estado tienen funciones separadas pero colaboran armónicamente para la realización de sus fines.

Artículo 114. Corresponde al Congreso de la República reformar la Constitución, hacer las leyes y ejercer control político sobre el gobierno y la administración.

El Congreso de la República, estará integrado por el Senado y la Cámara de Representantes.

Artículo 115. El Presidente de la República es Jefe del Estado, Jefe del Gobierno y suprema autoridad administrativa.

El Gobierno Nacional está formado por el Presidente de la República, los ministros del despacho y los directores de departamentos administrativos. El Presidente y el Ministro o Director de Departamento correspondientes, en cada negocio particular, constituyen el Gobierno.

Ningún acto del Presidente, excepto el de nombramiento y remoción de Ministros y Directores de Departamentos

Administrativos y aquellos expedidos en su calidad de Jefe del Estado y de suprema autoridad administrativa, tendrá valor ni fuerza alguna mientras no sea suscrito y comunicado por el Ministro del ramo respectivo o por el Director del Departamento Administrativo correspondiente, quienes, por el mismo hecho, se hacen responsables.

Las gobernaciones y las alcaldías, así como las superintedecias, los establecimientos públicos y las empresas industriales o comerciales del Estado, forman parte de la Rama Ejecutiva.

Artículo 116. La Corte Constitucional, la Corte Suprema de Justicia, el Consejo de Estado, el Consejo Superior de la Judicatura, la Fiscalía General de la Nación, los Tribunales y los Jueces, administran Justicia. También lo hace la Justicia Penal Militar.

El Congreso ejercerá determinadas funciones judiciales.

Excepcionalmente la ley podrá atribuir función jurisdiccional en materias precisas a determinadas autoridades administrativas. Sin embargo no les será permitido adelantar la instrucción de sumarios ni juzgar delitos.

Los particulares pueden ser investidos transitoriamente de la función de administrar justicia en la condición de jurados en las causas criminales, conciliadores o en la de árbitros habilitados por las partes para proferir fallos en derecho o en equidad, en los términos que determine la ley.

(Modificado por Acto Legislativo Número 3 de 2002.)

Artículo 117. El Ministerio Público y la Contraloría General de la República son órganos de control.

Artículo 118. El Ministerio Público será ejercido por el Procurador General de la Nación, por el Defensor del Pueblo, por los procuradores delegados y los agentes del ministerio público, ante las autoridades jurisdiccionales, por los personeros municipales y por los demás funcionarios que determine la ley. Al Ministerio Público corresponde la guarda y promoción de los derechos humanos, la protección del interés público y la vigilancia de la conducta oficial de quienes desempeñan funciones públicas.

Artículo 119. La Contraloría General de la República tiene a su cargo la vigilancia de la gestión fiscal y el control de resultado de la administración.

Artículo 120. La Organización Electoral estará conformada por el Tribunal Nacional Electoral, por la Registraduría Nacional del Estado Civil y por el Comité Nacional de Vigilancia Electoral. La Registraduría Nacional del Estado Civil tendrá a su cargo la organización de las elecciones, su dirección y vigilancia, así como lo relativo a la identidad de las personas, con el sistema electrónico o biométrico.

Parágrafo. La ley reglamentará la composición y funciones del Tribunal Nacional Electoral y el Comité Nacional de Vigilancia, los cuales tendrán una conformación pluralista.

(Modificado por Decreto 99 de 2003.)

Artículo 121. Ninguna autoridad del Estado podrá ejercer funciones distintas de las que le atribuyen la Constitución y la ley.

Capítulo II. De la función pública

Artículo 122. No habrá empleo público que no tenga funciones detalladas en ley o reglamento y para proveer los de carácter remunerado se requiere que estén contemplados en la respectiva planta y previstos sus emolumentos en el presupuesto correspondiente.

Ningún servidor público entrará a ejercer su cargo sin prestar juramento de cumplir y defender la Constitución y desempeñar los deberes que le incumben.

Antes de tomar posesión del cargo, al retirarse del mismo o cuando autoridad competente se lo solicite deberá declarar, bajo juramento, el monto de sus bienes y rentas.

Dicha declaración solo podrá ser utilizada para los fines y propósitos de la aplicación de las normas del servidor público.

Sin perjuicio de las demás sanciones que establezca la ley, no podrán ser inscritos como candidatos a cargos de elección popular, ni elegidos, ni designados como servidores públicos, ni celebrar personalmente, o por interpuesta persona, contratos con el Estado, quienes hayan sido condenados, en cualquier tiempo, por la Comisión de Delitos que afecten el patrimonio del Estado. Tampoco quien haya dado lugar, como servidor público, con su conducta dolosa o gravemente culposa, así calificada por sentencia judicial ejecutoriada, a que el Estado sea condenado a una reparación patrimonial, salvo que asuma con cargo a su patrimonio el valor del daño.

(Modificado por Ley 796 de 2003.)

(Modificado por Acto Legislativo Número 1 de 2004-modificación inciso 5.)

Artículo 123. Son servidores públicos los miembros de las corporaciones públicas, los empleados y trabajadores del Estado y de sus entidades descentralizadas territorialmente y por servicios.

Los servidores públicos están al servicio del Estado y de la comunidad; ejercerán sus funciones en la forma prevista por la Constitución, la ley y el reglamento.

La ley determinará el régimen aplicable a los particulares que temporalmente desempeñen funciones públicas y regulará su ejercicio.

Artículo 124. La ley determinará la responsabilidad de los servidores públicos y la manera de hacerla efectiva.

Artículo 125. Los empleos en los órganos y entidades del Estado son de carrera. Se exceptúan los de elección popular, los de libre nombramiento y remoción, los de trabajadores oficiales y los demás que determine la ley.

Todos los servidores públicos serán designados por concurso público de méritos, salvo aquellos respecto de quienes la Constitución o la ley establezca un mecanismo de designación especial. De esta disposición quedan exceptuados los ministros, los viceministros, los jefes de departamento administrativo, los secretarios de despachos departamentales y municipales y los gerentes o directores de las entidades descentralizadas de todo orden.

El ingreso a los cargos de carrera y el ascenso en los mismos, se harán previo cumplimiento de los requisitos y condiciones que fije la ley para determinar los méritos y calidades de los aspirantes.

El retiro se hará: por calificación no satisfactoria en el desempeño del empleo; por violación del régimen disciplinario y por las demás causales previstas en la Constitución o la ley.

En ningún caso la filiación política de los ciudadanos podrá determinar su nombramiento para un empleo de carrera, su ascenso o remoción.

Parágrafo. Los períodos establecidos en la Constitución Política o en la ley para cargos de elección tienen el carácter de institucionales. Quienes sean designados o elegidos para ocupar tales cargos, en reemplazo por falta absoluta de su titular, lo harán por el resto del período para el cual este fue elegido.

(Parágrafo adicionado por Acto Legislativo Número 1 de 2003.)

Parágrafo 2.º La desvinculación de un cargo, no remueve la inhabilidad del funcionario para postularse como candidato a cualquier cargo cuya elección se realice durante el período para el cual fue elegido o nombrado.

Nadie podrá ejercer funciones en más de una corporación o cargo público, ni en una corporación y un cargo, si los respectivos períodos coinciden, así fuere parcialmente. La renuncia a alguno de ellos no elimina la inhabilidad.

(Modificado por Decreto 99 de 2003.)

Artículo 126. Los servidores públicos no podrán nombrar como empleados a personas con las cuales tengan parentesco hasta el cuarto grado de consanguinidad, segundo de afinidad, primero civil, o con quien estén ligados por matrimonio o unión permanente. Tampoco podrán designar a personas vinculadas por los mismos lazos con servidores públicos competentes para intervenir en su designación.

Se exceptúan de lo previsto en este **Artículo** los nombramientos que se hagan en aplicación de las normas vigentes sobre ingreso o ascenso por méritos.

Artículo 127. Los servidores públicos no podrán celebrar, por sí o por interpuesta persona, o en representación de otro, contrato alguno con entidades públicas o con personas privadas que manejen o administren recursos públicos, salvo las excepciones legales.

A los empleados del Estado que se desempeñen en los órganos judicial, electoral, de control, y organismos de seguridad les está prohibido tomar parte en las actividades de los partidos y movimientos y en las controversias políticas, sin perjuicio de ejercer libremente el derecho al sufragio. A los miembros de la Fuerza Pública en servicio activo se les aplican las limitaciones contempladas en el **Artículo** 219 de la Constitución.

Los empleados no contemplados en esta prohibición solo podrán participar en dichas actividades y controversias en las condiciones que señale la ley estatutaria.

La utilización del empleo para presionar a los ciudadanos a respaldar una causa o campaña política constituye causal de mala conducta.

Cuando el Presidente y el Vicepresidente de la República presenten sus candidaturas, solo podrán participar en las campañas electorales desde el momento de su inscripción. En todo caso dicha participación solo podrá darse desde los cuatro (4) meses anteriores a la fecha de la primera vuelta de la elección presidencial, y se extenderá hasta la fecha de la segunda vuelta en caso de que la hubiere. La Ley Estatutaria establecerá los términos y condiciones en los cuales, antes de ese lapso, el Presidente o el Vicepresidente podrán participar en los mecanismos democráticos de selección de los candidatos de los partidos o movimientos políticos.

Durante la campaña, el Presidente y el Vicepresidente de la República no podrán utilizar bienes del Estado o recursos del Tesoro Público, distintos de aquellos que se ofrezcan en igualdad de condiciones a todos los candidatos. Se exceptúan los destinados al cumplimiento de las funciones propias de sus cargos y a su protección personal, en los términos que señale la Ley Estatutaria.

(**Artículo** modificado por Decreto 2310 de 2004.)

Artículo 128. Nadie podrá desempeñar simultáneamente más de un empleo público ni recibir más de una asignación que provenga del tesoro público, o de empresas o de instituciones en las que tenga parte mayoritaria el Estado, salvo los casos expresamente determinados por la ley.

Entiéndese por tesoro público el de la Nación, el de las entidades territoriales y el de las descentralizadas.

Artículo 129. Los servidores públicos no podrán aceptar cargos, honores o recompensas de gobiernos extranjeros u organismos internacionales, ni celebrar contratos con ellos, sin previa autorización del Gobierno.

Artículo 130. Habrá una Comisión Nacional del Servicio Civil responsable de la administración y vigilancia de las carreras de los servidores públicos, excepción hecha de las que tengan carácter especial.

Artículo 131. Compete a la ley la reglamentación del servicio público que prestan los notarios y registradores, la definición del régimen laboral para sus empleados y lo relativo a los aportes como tributación especial de las notarías, con destino a la administración de justicia.

El nombramiento de los notarios en propiedad se hará mediante concurso.

Corresponde al gobierno la creación, supresión y fusión de los círculos de notariado y registro y la determinación del número de notarios y oficinas de registro.

Título VI. De la rama legislativa

Capítulo I. De la composición y las funciones

Artículo 132. Los senadores y los representantes serán elegidos para un período de cuatro años, que se inicia el 20 de julio siguiente a la elección.

Artículo 133. Los miembros de cuerpos colegiados de elección directa representan al pueblo, y deberán actuar consultando la justicia y el bien común.

El elegido por voto popular en cualquier corporación pública, es responsable ante la sociedad y frente a sus electores por el cumplimiento de las obligaciones propias de su investidura. Su voto, salvo para asuntos de mero trámite, será nominal y público.

(Modificado por Ley 796 de 2003.)

Artículo 134. Los miembros de corporaciones públicas de elección popular no tendrán suplentes. Las vacancias por sus faltas absolutas serán suplidas por los candidatos no elegidos de su misma lista, según el orden de inscripción en ella. La renuncia voluntaria no producirá como efecto el ingreso a la corporación de quien debería suplirlo.

(Modificado por Acto Legislativo Número 3 de 1993 y por Ley 796 de 2003.)

Artículo 135. Son facultades de cada Cámara:

1. Elegir sus mesas directivas.

2. Elegir al Secretario General para períodos de cuatro (4) años, contados a partir del 20 de julio, quien deberá reunir las mismas calidades señaladas para ser miembro de la respectiva cámara.

3. Solicitar al Gobierno los informes que necesite, salvo lo dispuesto en el numeral 2 del **Artículo** siguiente.

4. Determinar la celebración de sesiones reservadas en forma prioritaria a las preguntas orales que formulen los congresistas a los Ministros y a las respuestas de éstos. El reglamento regulará la materia.

5. Proveer los empleos creados por la ley para el cumplimiento de sus funciones.

6. Recabar del Gobierno la cooperación de los organismos de la administración pública para el mejor desempeño de sus atribuciones.

7. Organizar su Policía interior.

8. En ejercicio del control político: Proponer moción de censura respecto de los Ministros, directores de Departamento Administrativo, los presidentes de las Empresas Industriales y Comerciales del Estado, los directores y miembros de las juntas de los Organismos Autónomos e Independientes del Estado y los directores de Institutos Descentralizados del orden Nacional, por asuntos relacionados con funciones propias del cargo. La moción de censura, si hubiere lugar a ella, deberá proponerla por lo menos la décima parte de los miembros que componen la respectiva cámara. La votación se hará entre el tercero y el décimo día siguientes a la terminación del debate, en Congreso pleno, con audiencia de los funcionarios respectivos. Una aprobación requerirá la mayoría absoluta de los integrantes de cada cámara. Una vez aprobada, el funcionario quedará separado de su cargo. Si

fuere rechazada, no podrá presentarse otra sobre la misma materia a menos que la motiven hechos nuevos.

Como sanción, la moción de censura tiene carácter individual y mientras este procedimiento se encuentre en trámite, no será admisible ni la presentación ni la aceptación de la renuncia al cargo.

9. Citar y requerir a los Ministros, Directores de Departamento Administrativo y Directores de Institutos Descentralizados del Orden Nacional y los Directores y Miembros de las Juntas de los Organismos Autónomos e independientes del Estado para que concurran a las sesiones. Las citaciones deberán hacerse con una anticipación no menor de cinco (5) días y formularse precisando el objeto de la citación. En caso de que los funcionarios no concurran, sin excusa aceptada por la respectiva cámara, esta podrá proponer moción de censura. Los funcionarios deberán ser oídos en la sesión para la cual fueron citados. El debate no podrá extenderse a asuntos ajenos al objeto de la sesión y deberá encabezar el orden del día de la misma.

Parágrafo transitorio. Para efecto de lo dispuesto en el numeral 2 del presente **Artículo**, el período comenzará a regir a partir del 20 de julio de 2002.

(Modificado por Decreto 99 de 2003-Modificación incisos 2, 4, 8 y 9.)

Artículo 136. Se prohíbe al Congreso y a cada una de sus Cámaras:

1. Inmiscuirse, por medio de resoluciones o de leyes, en asuntos de competencia privativa de otras autoridades.

2. Exigir al Gobierno información sobre instrucciones en materia diplomática o sobre negociaciones de carácter reservado.

3. Dar votos de aplauso a los actos oficiales.

4. Decretar a favor de personas o entidades donaciones, gratificaciones, auxilios, indemnizaciones, pensiones u otras erogaciones que no estén destinadas a satisfacer créditos o derechos reconocidos con arreglo a la ley preexistente.

5. Decretar actos de proscripción o persecución contra personas naturales o jurídicas.

6. Autorizar viajes al exterior con dinero del erario, salvo en cumplimiento de las misiones específicas, estrictamente relacionadas con la misión congresual, aprobadas por las tres cuartas partes de los miembros de la respectiva cámara, mediante votación nominal.

7. Dentro de los cinco días siguientes a su regreso al país, los comisionados deberán entregar a la Presidencia de la Cámara a la cual pertenezcan, un informe escrito sobre la gestión adelantada. Copia de este informe deberá ser entregado a la Procuraduría General de la Nación y a la Contraloría General de la República dentro del mismo plazo. El informe tendrá carácter público.

(Modificado por Decreto 99 de 2003-Modificación numeral 6 y adición numeral 7.)

Artículo 137. Cualquier comisión permanente podrá emplazar a toda persona natural o jurídica, para que en sesión especial rinda declaraciones orales o escritas, que podrán exigirse bajo juramento, sobre hechos relacionados directamente con las indagaciones que la comisión adelante.

Si quienes hayan sido citados se excusaren de asistir y la comisión insistiere en llamarlos, la Corte Constitucional, después de oírlos, resolverá sobre el particular en un plazo de diez días, bajo estricta reserva.

La renuencia de los citados a comparecer o a rendir las declaraciones requeridas, será sancionada por la comisión con la pena que señalen las normas vigentes para los casos de desacato a las autoridades.

Si en el desarrollo de la investigación se requiere, para su perfeccionamiento, o para la persecución de posibles infractores penales, la intervención de otras autoridades, se las exhortará para lo pertinente.

Capítulo II. De la reunión y el funcionamiento

Artículo 138. El Congreso, por derecho propio, se reunirá en sesiones ordinarias, durante dos períodos por año, que constituirán una sola legislatura. El primer período de sesiones comenzará el 20 de julio y terminará el 16 de diciembre; el segundo el 16 de marzo y concluirá el 20 de junio.

Si por cualquier causa no pudiere reunirse en las fechas indicadas, lo hará tan pronto como fuere posible, dentro de los períodos respectivos.

También se reunirá el Congreso en sesiones extraordinarias, por convocatoria del Gobierno y durante el tiempo que éste señale.

En el curso de ellas solo podrá ocuparse en los asuntos que el Gobierno someta a su consideración, sin perjuicio de la función de control político que le es propia, la cual podrá ejercer en todo tiempo.

Artículo 139. Las sesiones del Congreso serán instaladas y clausuradas conjunta y públicamente por el Presidente de la República, sin que esta ceremonia, en el primer evento, sea esencial para que el Congreso ejerza legítimamente sus funciones.

Artículo 140. El Congreso tiene su sede en la capital de la República.

Las cámaras podrán por acuerdo entre ellas trasladar su sede a otro lugar y, en caso de perturbación del orden público, podrán reunirse en el sitio que designe el Presidente del Senado.

Artículo 141. El Congreso se reunirá en un solo cuerpo únicamente para la instalación y clausura de sus sesiones, para dar posesión al Presidente de la República, para recibir a Jefes de Estado o de Gobierno de otros países, para elegir Contralor General de la República y Vicepresidente cuando sea menester reemplazar el electo por el pueblo, así como decidir sobre la moción de censura, con arreglo al **Artículo 135.**

En tales casos el Presidente del Senado y el de la Cámara serán respectivamente Presidente y Vicepresidente del Congreso.

Artículo 142. Cada Cámara elegirá, para el respectivo período constitucional, comisiones permanentes que tramitarán en primer debate los proyectos de acto legislativo o de ley.

La ley determinará el número de comisiones permanentes y el de sus miembros, así como las materias de las que cada una deberá ocuparse.

Cuando sesionen conjuntamente las Comisiones Constitucionales Permanentes, el quórum decisorio será el que se requiera para cada una de las comisiones individualmente consideradas.

Artículo 143. El Senado de la República y la Cámara de Representantes podrán disponer que cualquiera de las comisiones permanentes sesione durante el receso, con el fin de debatir los asuntos que hubieren quedado pendientes en el período anterior, de realizar los estudios que la corporación respectiva determine y de preparar los proyectos que las Cámaras les encarguen.

Artículo 144. Las sesiones de las Cámaras y de sus comisiones permanentes serán públicas, con las limitaciones a que haya lugar conforme a su reglamento.

Artículo 145. El Congreso pleno, las Cámaras y sus comisiones no podrán abrir sesiones ni deliberar con menos de una cuarta parte de sus miembros. Las decisiones solo podrán tomarse con la asistencia de la mayoría de los integrantes de la respectiva corporación, salvo que la Constitución determine un quórum diferente.

Artículo 146. En el Congreso pleno, en las Cámaras y en sus comisiones permanentes, las decisiones se tomarán por la mayoría de los votos de los asistentes, salvo que la Constitución exija expresamente una mayoría especial.

Artículo 147. Las mesas directivas de las cámaras y de sus comisiones permanentes serán renovadas cada año, para la legislatura que se inicia el 20 de julio, y ninguno de sus miembros podrá ser reelegido dentro del mismo cuatrienio constitucional.

Artículo 148. Las normas sobre quórum y mayorías decisorias regirán también para las demás corporaciones públicas de elección popular.

Artículo 149. Toda reunión de miembros del Congreso que, con el propósito de ejercer funciones propias de la rama legislativa del poder público, se efectúe fuera de las condiciones constitucionales, carecerá de validez; a los actos que realice no podrá dárseles efecto alguno, y quienes participen en las deliberaciones, serán sancionados conforme a las leyes.

Capítulo III. De las leyes

Artículo 150. Corresponde al Congreso hacer las leyes. Por medio de ellas ejerce las siguientes funciones:

1. Interpretar, reformar y derogar las leyes.
2. Expedir códigos en todos los ramos de la legislación y reformar sus disposiciones.
3. Aprobar el plan nacional de desarrollo y de inversiones públicas que hayan de emprenderse o continuarse, con la de-

terminación de los recursos y apropiaciones que se autoricen para su ejecución, y las medidas necesarias para impulsar el cumplimiento de los mismos.

4. Definir la división general del territorio con arreglo a lo previsto en esta Constitución, fijar las bases y condiciones para crear, eliminar, modificar o fusionar entidades territoriales y establecer sus competencias.

5. Conferir atribuciones especiales a las asambleas departamentales.

6. Variar, en circunstancias extraordinarias y por graves motivos de conveniencia pública, la actual residencia de los altos poderes nacionales.

7. Determinar la estructura de la administración nacional y crear, suprimir o fusionar ministerios, departamentos administrativos, superintendencias, establecimientos públicos y otras entidades del orden nacional, señalando sus objetivos y estructura orgánica; reglamentar la creación y funcionamiento de las Corporaciones Autónomas Regionales dentro de un régimen de autonomía; asimismo, crear o autorizar la Constitución de empresas industriales y comerciales del estado y sociedades de economía mixta.

8. Expedir las normas a las cuales debe sujetarse el Gobierno para el ejercicio de las funciones de inspección y vigilancia que le señala la Constitución.

9. Conceder autorizaciones al Gobierno para celebrar contratos, negociar empréstitos y enajenar bienes nacionales. El Gobierno rendirá periódicamente informes al Congreso sobre el ejercicio de estas autorizaciones.

10. Revestir, hasta por seis meses, al Presidente de la República de precisas facultades extraordinarias, para expedir normas con fuerza de ley cuando la necesidad lo exija o la conveniencia pública lo aconseje. Tales facultades deberán ser solicitadas expresamente por el Gobierno y su aproba-

ción requerirá la mayoría absoluta de los miembros de una y otra Cámara.

El Congreso podrá, en todo tiempo y por iniciativa propia, modificar los decretos leyes dictados por el Gobierno en uso de facultades extraordinarias.

Estas facultades no se podrán conferir para expedir códigos, leyes estatutarias, orgánicas, ni las previstas en el numeral 20 del presente **Artículo**, ni para decretar impuestos.

11. Establecer las rentas nacionales y fijar los gastos de la administración.

12. Establecer contribuciones fiscales y, excepcionalmente, contribuciones parafiscales en los casos y bajo las condiciones que establezca la ley.

13. Determinar la moneda legal, la convertibilidad y el alcance de su poder liberatorio, y arreglar el sistema de pesas y medidas.

14. Aprobar o improbar los contratos o convenios que, por razones de evidente necesidad nacional, hubiere celebrado el Presidente de la República, con particulares, compañías o entidades públicas, sin autorización previa.

15. Decretar honores a los ciudadanos que hayan prestado servicios a la patria.

16. Aprobar o improbar los tratados que el Gobierno celebre con otros Estados o con entidades de derecho internacional. Por medio de dichos tratados podrá el Estado, sobre bases de equidad, reciprocidad y conveniencia nacional, transferir parcialmente determinadas atribuciones a organismos internacionales, que tengan por objeto promover o consolidar la integración económica con otros Estados.

17. Conceder, por mayoría de los dos tercios de los votos de los miembros de una y otra Cámara y por graves motivos de conveniencia pública, amnistías o indultos generales por delitos políticos. En caso de que los favorecidos fueren

eximidos de la responsabilidad civil respecto de particulares, el Estado quedará obligado a las indemnizaciones a que hubiere lugar.

18. Dictar las normas sobre apropiación o adjudicación y recuperación de tierras baldías.

19. Dictar las normas generales, y señalar en ellas los objetivos y criterios a los cuales debe sujetarse el Gobierno para los siguientes efectos:

1. Organizar el crédito público;

2. Regular el comercio exterior y señalar el régimen de cambio internacional, en concordancia con las funciones que la Constitución consagra para la Junta Directiva del Banco de la República;

3. Modificar, por razones de política comercial los aranceles, tarifas y demás disposiciones concernientes al régimen de aduanas;

4. Regular las actividades financiera, bursátil, aseguradora y cualquiera otra relacionada con el manejo, aprovechamiento e inversión de los recursos captados del público;

5. Fijar el régimen salarial y prestacional de los empleados públicos, de los miembros del Congreso Nacional y la Fuerza Pública;

6. Regular el régimen de prestaciones sociales mínimas de los trabajadores oficiales.

Estas funciones en lo pertinente a prestaciones sociales son indelegables en las Corporaciones públicas territoriales y éstas no podrán arrogárselas.

20. Crear los servicios administrativos y técnicos de las Cámaras.

21. Expedir las leyes de intervención económica, previstas en el **Artículo** 334, las cuales deberán precisar sus fines y alcances y los límites a la libertad económica.

22. Expedir las leyes relacionadas con el Banco de la República y con las funciones que compete desempeñar a su Junta Directiva.

23. Expedir las leyes que regirán el ejercicio de las funciones públicas y la prestación de los servicios públicos.

24. Regular el régimen de propiedad industrial, patentes y marcas y las otras formas de propiedad intelectual.

25. Unificar las normas sobre policía de tránsito en todo el territorio de la República.

Compete al Congreso expedir el estatuto general de contratación de la administración pública y en especial de la administración nacional.

Parágrafo transitorio. Dentro de los 18 meses siguientes a la promulgación de este acto legislativo el Congreso de la República, expedirá un nuevo estatuto de la contratación administrativa. De no expedirlo el Congreso dentro de este término, el Gobierno Nacional lo expedirá dentro de los seis (6) meses siguientes.

(Modificado por Decreto 99 de 2003.)

Artículo 151. El Congreso expedirá leyes orgánicas a las cuales estará sujeto el ejercicio de la actividad legislativa. Por medio de ellas se establecerán los reglamentos del Congreso y de cada una de las Cámaras, las normas sobre preparación, aprobación y ejecución del presupuesto de rentas y ley de apropiaciones y del plan general de desarrollo, y las relativas a la asignación de competencias normativas a las entidades territoriales. Las leyes orgánicas requerirán, para su aprobación, la mayoría absoluta de los votos de los miembros de una y otra Cámara.

Artículo 152. Mediante las leyes estatutarias, el Congreso de la República regulará las siguientes materias:

a) Derechos y deberes fundamentales de las personas y los procedimientos y recursos para su protección;

b) Administración de justicia;

c) Organización y régimen de los partidos y movimientos políticos; estatuto de la oposición y funciones electorales;

d) Instituciones y mecanismos de participación ciudadana.

e) Estados de excepción.

f) Un sistema que garantice la igualdad electoral entre los candidatos a la Presidencia de la República.

Parágrafo transitorio. El Gobierno Nacional o los miembros del Congreso presentarán, antes del 1.º de marzo de 2005, un Proyecto de Ley Estatutaria que desarrolle el literal f) del **Artículo** 152 de la Constitución y regule además, entre otras, las siguientes materias: Garantías a la oposición, participación en política de servidores públicos, derecho al acceso equitativo a los medios de comunicación que hagan uso del espectro electromagnético, financiación preponderantemente estatal de las campañas presidenciales, derecho de réplica en condiciones de equidad cuando el Presidente de la República sea candidato y normas sobre inhabilidades para candidatos a la Presidencia de la República.

El proyecto tendrá mensaje de urgencia y podrá ser objeto de mensaje de insistencia si fuere necesario. El Congreso de la República expedirá la Ley Estatutaria antes del 20 de junio de 2005. Se reducen a la mitad los términos para la revisión previa de exequibilidad del Proyecto de Ley Estatutaria, por parte de la Corte Constitucional.

Si el Congreso no expidiere la ley en el término señalado o el proyecto fuere declarado inexequible por la Corte Constitucional, el Consejo de Estado, en un plazo de dos (2) meses reglamentará transitoriamente la materia.

(**Artículo** Modificado por Decreto 2310 de 2004.)

Artículo 153. La aprobación, modificación o derogación de las leyes estatutarias exigirá la mayoría absoluta de los miembros del Congreso y deberá efectuarse dentro de una sola legislatura.

Dicho trámite comprenderá la revisión previa, por parte de la Corte Constitucional, de la exequibilidad del proyecto. Cualquier ciudadano podrá intervenir para defenderla o impugnarla.

Artículo 154. Las leyes pueden tener origen en cualquiera de las Cámaras a propuesta de sus respectivos miembros, del Gobierno Nacional, de las entidades señaladas en el **Artículo** 156, o por iniciativa popular en los casos previstos en la Constitución.

No obstante, solo podrán ser dictadas o reformadas por iniciativa del Gobierno las leyes a que se refieren los numerales 3, 7, 9, 11 y 22 y los literales a, b y e, del numeral 19 del **Artículo** 150; las que ordenen participaciones en las rentas nacionales o transferencias de las mismas; las que autoricen aportes o suscripciones del Estado a empresas industriales o comerciales y las que decreten exenciones de impuestos, contribuciones o tasas nacionales.

Las Cámaras podrán introducir modificaciones a los proyectos presentados por el Gobierno.

Los proyectos de ley relativos a los tributos iniciarán su trámite en la Cámara de Representantes y los que se refieran a relaciones internacionales, en el Senado.

Artículo 155. Podrán presentar proyectos de ley, un número de ciudadanos igual o superior al cinco por ciento (5 %) del censo electoral existente en la fecha respectiva o el quince por ciento (15 %) de los concejales o diputados del país. La iniciativa popular será tramitada por el Congreso, de conformidad con lo establecido en el **Artículo** 163, para los proyectos que hayan sido objeto de manifestación de urgencia.

Los ciudadanos proponentes tendrán derecho a designar un vocero que será oído por las cámaras en todas las etapas del trámite.

(**Artículo** Modificado por Decreto 99 de 2003.)

Artículo 156. La Corte Constitucional, el Consejo Superior de la Judicatura, la Corte Suprema de Justicia, el Consejo de Estado, el Consejo Nacional Electoral, el Procurador General de la Nación, el Contralor General de la República, tienen la facultad de presentar proyectos de ley en materias relacionadas con sus funciones.

Artículo 157. Ningún proyecto será ley sin los requisitos siguientes:

1. Haber sido publicado oficialmente por el Congreso, antes de darle curso en la comisión respectiva.

2. Haber sido aprobado en primer debate en la correspondiente comisión permanente de cada Cámara. El reglamento del Congreso determinará los casos en los cuales el primer debate se surtirá en sesión conjunta de las comisiones permanentes de ambas Cámaras.

3. Haber sido aprobado en cada Cámara en segundo debate.

4. Haber obtenido la sanción del Gobierno.

Artículo 158. Todo proyecto de ley debe referirse a una misma materia y serán inadmisibles las disposiciones o modificaciones que no se relacionen con ella. El Presidente de la respectiva comisión rechazará las iniciativas que no se avengan con este precepto, pero sus decisiones serán apelables ante la misma comisión. La ley que sea objeto de reforma parcial se publicará en un solo texto que incorpore las modificaciones aprobadas.

Artículo 159. El proyecto de ley que hubiere sido negado en primer debate podrá ser considerado por la respectiva cámara a solicitud de su autor, de un miembro de ella, del Gobierno o del vocero de los proponentes en los casos de iniciativa popular.

Artículo 160. Entre el primero y el segundo debate deberá mediar un lapso no inferior a ocho (8) días, y entre la aprobación de un proyecto en una de las cámaras y la iniciación del debate en la otra, deberán transcurrir por lo menos quince (15) días.

Ningún proyecto será sometido a votación en sesión diferente a aquella que previamente se haya anunciado. El aviso de que un proyecto será sometido a votación lo dará la Presidencia de cada Cámara o comisión en sesión distinta a aquella en la cual se realizará la votación.

Siempre deberá dejarse constancia del número de votos emitidos a favor o en contra de todo proyecto. El voto será nominal. Igual procedimiento se seguirá con aquellos temas nuevos que se pretendan someter a votación.

Durante el segundo debate, las cámaras podrán introducir al proyecto las modificaciones, adiciones y supresiones que juzgue necesarias, sobre aspectos o temas ya incluidos en el proyecto aprobado en primer debate. Estas modificaciones, adiciones y supresiones requerirán para su aprobación el voto afirmativo de la mayoría de los miembros de la respectiva cámara. Si la propuesta no obtuviere dicha mayoría, el autor o ponente podrán solicitar a la mesa directiva, el envío de la propuesta a la comisión permanente en la cual surtió el primer debate para su discusión dentro de los cinco (5) días siguientes. Durante el trámite a que se refiere este inciso, se suspenderá el término a que se refiere la parte final del **Artículo 162** de la Constitución.

Todo proyecto de ley o de acto legislativo deberá tener informe de ponencia en la respectiva comisión encargada de tramitarlo, y deberá dársele el curso correspondiente.

Parágrafo. Con el fin de promover la participación ciudadana en el debate legislativo, entre el primero y el segundo debate y en la discusión de los proyectos de leyes estatutarias, las comisiones respectivas del Senado de la República y la Cámara de Representantes, podrán reunirse conjuntamente por un período no inferior a tres (3) días y no superior de ocho (8), con el fin de realizar audiencias públicas que permitan una adecuada participación de las organizaciones sociales, políticas, gremiales o sindicales, en el trámite respectivo.

El reglamento del Congreso regulará la materia y podrá hacer extensiva la celebración de la audiencia a otros casos distintos al previsto en el presente **Artículo.**

(Modificado por Decreto 99 de 2003.)

Artículo 161. Cuando surgieren discrepancias en las Cámaras respecto de un proyecto, ambas integrarán comisiones de conciliadores conformadas por un mismo número de Senadores y Representantes, quienes reunidos conjuntamente, procurarán conciliar los textos, y en caso de no ser posible, definirán por mayoría.

Previa publicación por lo menos con un día de anticipación, el texto escogido se someterá a debate y aprobación de las respectivas plenarias. Si después de la repetición del segundo debate persiste la diferencia, se considera negado el proyecto.

(**Artículo** modificado por Acto Legislativo Número 1 de 2003.)

Artículo 162. Los proyectos de ley que no hubieren completado su trámite en una legislatura y que hubieren recibido primer debate en alguna de las cámaras, continuarán su curso en la siguiente, en el estado en que se encuentren. Ningún proyecto podrá ser considerado en más de dos legislaturas.

Artículo 163. El Presidente de la República podrá solicitar trámite de urgencia para cualquier proyecto de ley. En tal caso, la respectiva cámara deberá decidir sobre el mismo dentro del plazo de treinta días. Aun dentro de este lapso, la manifestación de urgencia puede repetirse en todas las etapas constitucionales del proyecto. Si el Presidente insistiere en la urgencia, el proyecto tendrá prelación en el orden del día excluyendo la consideración de cualquier otro asunto, hasta tanto la respectiva cámara o comisión decida sobre él.

Si el proyecto de ley a que se refiere el mensaje de urgencia se encuentra al estudio de una comisión permanente, ésta, a solicitud del Gobierno, deliberará conjuntamente con la correspondiente de la otra cámara para darle primer debate.

Artículo 164. El Congreso dará prioridad al trámite de los proyectos de ley aprobatorios de los tratados sobre derechos humanos que sean sometidos a su consideración por el Gobierno.

Artículo 165. Aprobado un proyecto de ley por ambas cámaras, pasará al Gobierno para su sanción. Si éste no lo objetare, dispondrá que se promulgue como ley; si lo objetare, lo devolverá a la cámara en que tuvo origen.

Artículo 166. El Gobierno dispone del término de seis días para devolver con objeciones cualquier proyecto cuando no conste de más de veinte **Artículos**; de diez días, cuando el proyecto contenga de veintiuno a cincuenta **Artículos**; y hasta de veinte días cuando los **Artículos** sean más de cincuenta.

Si transcurridos los indicados términos, el Gobierno no hubiere devuelto el proyecto con objeciones, el Presidente deberá sancionarlo y promulgarlo.

Si las cámaras entran en receso dentro de dichos términos, el Presidente tendrá el deber de publicar el proyecto sancionado u objetado dentro de aquellos plazos.

Artículo 167. El proyecto de ley objetado total o parcialmente por el Gobierno volverá a las cámaras a segundo debate.

El Presidente sancionará sin poder presentar objeciones el proyecto que, reconsiderado, fuere aprobado por la mayoría absoluta de los miembros de una y otra cámara.

Exceptúase el caso en que el proyecto fuere objetado por inconstitucional.

En tal evento, si las cámaras insistieren, el proyecto pasará a la Corte Constitucional para que ella, dentro de los seis (6) días siguientes, decida sobre su exequibilidad. El fallo de la Corte obliga al presidente a sancionar la ley. Si lo declara inexequible, se archivará el proyecto.

Si la Corte considera que el proyecto es parcialmente inexequible, así lo indicará a la cámara en que tuvo su origen para que, oído el Ministro del ramo, rehaga e integre las disposiciones afectadas en términos concordantes con el dictamen de la Corte. Una vez cumplido este trámite, remitirá a la Corte el proyecto para fallo definitivo.

El Presidente de la República no podrá objetar por razones de conveniencia un proyecto de ley, cuando dichas razones no hayan sido expresadas por alguno de los Ministros del despacho, en el transcurso del trámite legislativo correspondiente, salvo cuando los motivos de inconveniencia se presenten con posterioridad a dicho trámite.

(Modificado por Decreto 99 de 2003.)

Artículo 168. Si el Presidente no cumpliere el deber de sancionar las leyes en los términos y según las condiciones que la Constitución establece, las sancionará y promulgará el Presidente del Congreso.

Artículo 169. El título de las leyes deberá corresponder precisamente a su contenido, y a su texto precederá esta fórmula:

«El Congreso de Colombia, DECRETA.»

Artículo 170. Un número de ciudadanos equivalente a la décima parte del censo electoral, podrá solicitar ante la organización electoral la convocación de un referendo para la derogatoria de una ley.

La ley quedará derogada si así lo determina la mitad más uno de los votantes que concurran al acto de consulta, siempre y cuando participe en éste una cuarta parte de los ciudadanos que componen el censo electoral.

No procede el referendo respecto de las leyes aprobatorias de tratados internacionales, ni de la Ley de Presupuesto, ni de las referentes a materias fiscales o tributarias.

Capítulo IV. Del Senado

Artículo 171. El Senado de la República estará integrado por ochenta y tres (83) senadores, elegidos de la siguiente manera: setenta y ocho (78) elegidos, en circunscripción nacional, dos (2) elegidos en circunscripción nacional especial por comunidades indígenas, y tres (3) en circunscripción nacional especial de minorías políticas.

Para la asignación de curules en la circunscripción nacional, solo se tendrán en cuenta las listas que obtengan al menos el dos por ciento (2 %) de los votos emitidos válidamente. Para la asignación de curules entre las listas que superen este umbral, se aplicará el sistema de cifra repartidora, definido en el **Artículo** 263 de la Constitución Política, tomando como base para el cálculo solamente el total de votos válidos obtenidos por estas listas.

Los ciudadanos colombianos que se encuentren o residan en el exterior podrán sufragar en las elecciones para Senado de la República. La circunscripción especial para la elección de senadores por las comunidades indígenas, se determinará por el sistema de cifra repartidora, definido en el **Artículo** 263 de la Constitución Política. Los representantes de las comunidades indígenas, que aspiren a integrar el Senado de la República, deben haber ejercido un cargo de autoridad tradicional en su respectiva comunidad, o haber sido líderes de una organización indígena, calidad que se acreditará mediante certificado de la respectiva organización, refrendado por el Ministerio del Interior.

Parágrafo transitorio. Si transcurrido un año de vigencia de la presente reforma constitucional, el Congreso no hubiere aprobado la ley para la elección de minorías políticas, el Presidente de la República la expedirá por decreto en los tres meses siguientes.

(Modificado por Ley 796 de 2003.)

Artículo 172. Para ser elegido senador se requiere ser colombiano de nacimiento, ciudadano en ejercicio y tener más de treinta años de edad en la fecha de la elección.

Artículo 173. Son atribuciones del Senado:

1. Admitir o no las renuncias que hagan de sus empleos el Presidente de la República o el Vicepresidente.
2. Aprobar o improbar los ascensos militares que confiera el Gobierno, desde oficiales generales y oficiales de insignia de la fuerza pública, hasta el más alto grado.
3. Conceder licencia al Presidente de la República para separarse temporalmente del cargo, no siendo caso de enfermedad, y decidir sobre las excusas del Vicepresidente para ejercer la Presidencia de la República.
4. Permitir el tránsito de tropas extranjeras por el territorio de la República.
5. Autorizar al Gobierno para declarar la guerra a otra nación.
6. Elegir a los magistrados de la Corte Constitucional.
7. Elegir al Procurador General de la Nación.

Artículo 174. Corresponde al Senado conocer de las acusaciones que formule la Cámara de Representantes contra el Presidente de la República o quien haga sus veces; contra los

Magistrados de la Corte Suprema de Justicia, del Consejo de Estado y de la Corte Constitucional, los miembros del Consejo Superior de la Judicatura y el Fiscal General de la Nación, aunque hubieren cesado en el ejercicio de sus cargos. En este caso, conocerá por hechos u omisiones ocurridos en el desempeño de los mismos.

(Modificado por Decreto 1500 de 2002.)

Artículo 175. En los juicios que se sigan ante el Senado, se observarán estas reglas:

1. El acusado queda de hecho suspenso de su empleo, siempre que una acusación sea públicamente admitida.

2. Si la acusación se refiere a delitos cometidos en ejercicio de funciones, o a indignidad por mala conducta, el Senado no podrá imponer otra pena que la de destitución del empleo, o la privación temporal o pérdida absoluta de los derechos políticos; pero al reo se le seguirá juicio criminal ante la Corte Suprema de Justicia, si los hechos lo constituyen responsable de infracción que merezca otra pena.

3. Si la acusación se refiere a delitos comunes, el Senado se limitará a declarar si hay o no lugar a seguimiento de causa y, en caso afirmativo, pondrá al acusado a disposición de la Corte Suprema.

4. El Senado podrá cometer la instrucción de los procesos a una diputación de su seno, reservándose el juicio y la sentencia definitiva, que será pronunciada en sesión pública, por los dos tercios, al menos, de los votos de los Senadores presentes.

Capítulo V. De la Cámara de Representantes

Artículo 176. La Cámara de Representantes se elegirá en circunscripciones territoriales y especiales.

Para la elección de Representantes a la Cámara, cada departamento y el Distrito Capital de Bogotá conformarán una circunscripción territorial.

La Cámara de Representantes estará integrada por 166 Representantes. Los departamentos y el Distrito Capital Bogotá, elegirán 161 miembros, de la siguiente manera:

Entidad Territorial - No de Curules

Amazonas - 2
Antioquía - 17
Arauca - 2
Atlántico - 7
Archipiélago de San Andrés, Providencia y Santa Catalina - 2
Bogotá, D.d. - 18
Bolívar - 6
Boyaca - 6
Caldas - 5
Caquetá - 2
Casanare - 2
Cauca - 4
Cesar - 4
Córdoba - 5
Cundinamarca - 7

Choco - 2

Guainía - 2

Guaviare - 2

Huila - 4

La Guajira - 2

Magdalena - 5

Meta - 3

Nariño - 5

Norte de Santander - 5

Putumayo - 2

Quindio - 3

Risaralda - 4

Santander - 7

Sucre - 3

Tolima - 6

Valle del Cauca - 13

Vaupés - 2

Vichada - 2

La ley podrá establecer una circunscripción especial para asegurar la participación en la Cámara de Representantes de los grupos étnicos y de las minorías políticas y de los colombianos en el exterior. Mediante esta circunscripción se podrá elegir hasta cinco (5) Representantes.

Parágrafo transitorio. El Congreso de la República reglamentará la circunscripción internacional a más tardar el 16 de diciembre de 2005, caso contrario, lo hará el Gobierno Nacional dentro de los quince (15) días siguientes a esa fecha; incluirá entre otros temas: inscripción de candidatos, inscripción de ciudadanos habilitados para votar en el exterior, mecanismos para promover la participación y realización del escrutinio de votos a través de los Consulados y financiación estatal para visitas al exterior por parte del Representante elegido.

(Modificado por Decreto 617 del 7 de Marzo de 2005 y por Decreto 2545 de 2005.)

Artículo 177. Para ser elegido representante se requiere ser ciudadano en ejercicio y tener más de veinticinco años de edad en la fecha de la elección.

Artículo 178. La Cámara de Representantes tendrá las siguientes atribuciones especiales:

1. Elegir al Defensor del Pueblo.
2. Examinar y fenecer la cuenta general del presupuesto y del tesoro que le presente el Contralor General de la República.
3. Acusar ante el Senado cuando hubiere causas constitucionales, al Presidente de la República o a quien haga sus veces, a los Magistrados de la Corte Suprema de Justicia, de la Corte Constitucional y del Consejo de Estado, a los Miembros del Consejo Superior de la Judicatura, al Fiscal General de la Nación, al Procurador General de la Nación y al Contralor General de la República.
4. Conocer de las denuncias y quejas que ante ella se presenten por el Fiscal General de la Nación o por los particulares ante los expresados funcionarios y, si prestan mérito, fundar en ellas acusación ante el Senado.
5. Requerir el auxilio de otras autoridades para el desarrollo de las investigaciones que le competen, y comisionar para la práctica de pruebas cuando lo considere conveniente.

(Modificado por Decreto 1500 de 2002.)

Capítulo VI. De los congresistas

Artículo 179. No podrán ser congresistas:

1. Quienes hayan sido condenados en cualquier época por sentencia judicial, a pena privativa de la libertad, excepto por delitos políticos o culposos.

2. Quienes hubieren ejercido, como empleados públicos, jurisdicción o autoridad política, civil, administrativa o militar, dentro de los doce meses anteriores a la fecha de la elección.

3. Quienes hayan intervenido en gestión de negocios ante entidades públicas, o en la celebración de contratos con ellas e interés propio, o en el de terceros, o hayan sido representantes legales de entidades que administren tributos o contribuciones parafiscales, dentro de los seis meses anteriores a la fecha de la elección.

4. Quienes hayan perdido la investidura de congresista, diputado, concejal o edil.

5. Quienes tengan vínculos por matrimonio, o unión permanente, o de parentesco en tercer grado de consanguinidad, primero de afinidad, o único civil, con funcionarios que ejerzan autoridad civil o política.

6. Quienes estén vinculados entre sí por matrimonio, o unión permanente, o parentesco dentro del tercer grado de consanguinidad, segundo de afinidad, o primero civil, y se inscriban por el mismo partido, movimiento o grupo para elección de cargos, o de miembros de corporaciones públicas que deban realizarse en la misma fecha.

7. Quienes tengan doble nacionalidad, exceptuando los colombianos por nacimiento.

8. Nadie podrá ser elegido para más de una corporación o cargo público, ni para una corporación y un cargo, si los respectivos períodos coinciden en el tiempo, así fuere parcialmente. La renuncia a alguno de ellos no elimina la inhabilidad.

Parágrafo transitorio. Lo dispuesto en el numeral 8 del presente **Artículo** no se aplicará a quienes hubiesen renunciado con anterioridad a la vigencia del presente Acto Legislativo.

Las inhabilidades previstas en los numerales 2, 3, 5 y 6 se refieren a situaciones que tengan lugar en la circunscripción en la cual deba efectuarse la respectiva elección. La ley reglamentará los demás casos de inhabilidades por parentesco, con las autoridades no contemplados en estas disposiciones.

Para los fines de este **Artículo** se considera que la circunscripción nacional coincide con cada una de las territoriales, excepto para la inhabilidad consignada en el numeral 5.

(Modificado por Decreto 99 de 2003-Modificación numerales 2,3 y 4.)

(Modificado por Acto Legislativo Número 1 de 2003-Modificación numeral 8.)

Artículo 180. Los congresistas no podrán:

1. Desempeñar cargo o empleo público o privado, excepto los cargos de ministro del despacho o embajador, para lo cual deberá renunciar a su investidura de Congresista.

2. Gestionar, en nombre propio o ajeno, asuntos ante las entidades públicas o ante las personas que administren tributos, ser apoderados ante las mismas, celebrar con ellas, por sí o por interpuesta persona, contrato alguno. La ley establecerá las excepciones a esta disposición.

3. Ser miembro de juntas o consejos directivos de entidades oficiales descentralizadas de cualquier nivel o de instituciones que administren tributos.

4. Celebrar contratos o realizar gestiones con personas naturales o jurídicas de derecho privado que administren, manejen o inviertan fondos públicos o sean contratistas del Estado o reciban donaciones de éste. Se exceptúa la adquisición de bienes o servicios que se ofrecen a los ciudadanos en igualdad de condiciones.

5. Participar, bajo ninguna circunstancia, individual o colectivamente, en las funciones administrativas del Congreso, salvo para la conformación de su Unidad de Trabajo Legislativo. Los servicios técnicos y administrativos de las Cámaras Legislativas estarán a cargo de una entidad pública o privada, que ejercerá sus funciones con plena autonomía, conforme lo establezca la ley.

Parágrafo 1.º Se exceptúa del régimen de incompatibilidades el ejercicio de la cátedra universitaria y el desempeño de los cargos de Ministros de Despacho y de Embajador. Si un Congresista fuere nombrado en uno de estos cargos, cesará en aquella condición por el resto del periodo constitucional respectivo, siempre y cuando se haya posesionado del cargo.

(Modificado por Decreto 1718 de 2001.)

Parágrafo 2.º El funcionario que en contravención del presente **Artículo**, nombre a un Congresista para un empleo o cargo o celebre con él un contrato o acepte que actúe como gestor en nombre propio o de terceros, incurrirá en causal de mala conducta.

(Modificado por Ley 796 de 2003-Adición numeral 5 / Modificado por Decreto 99 de 2003-modificación numeral 1.)

Artículo 181. Las incompatibilidades de los congresistas tendrán vigencia durante el período constitucional respectivo. En caso de renuncia, se mantendrán durante el año siguiente a su aceptación, si el lapso que faltare para el vencimiento del período fuere superior.

Quien fuere llamado a ocupar el cargo, quedará sometido al mismo régimen de inhabilidades e incompatibilidades a partir de su posesión.

Artículo 182. Los congresistas deberán poner en conocimiento de la respectiva cámara las situaciones de carácter moral o económico que los inhiban para participar en el trámite de los asuntos sometidos a su consideración. La ley determinará lo relacionado con los conflictos de intereses y las recusaciones.

Cuando el Congreso de la República vote en Comisión o Plenaria Actos Legislativos no habrá lugar a conflicto de intereses. Tampoco lo habrá cuando se vote una ley que convoca a una Asamblea Constituyente o a un Referendo para reformar la Constitución.

(Modificado por Decreto 1500 de 2002.)

Artículo 183. Los congresistas, los diputados, los concejales y cualquier otro miembro de corporación elegida popularmente, perderán su investidura:

1. Por violación del régimen de inhabilidades e incompatibilidades, o del régimen de conflicto de intereses.

2. Por la inasistencia sin causa justificada en un mismo período ordinario de sesiones, a seis (6) reuniones plenarias, o de la respectiva Comisión Constitucional, que hubieren sido citadas para votar proyectos de acto legislativo, de ley, de ordenanza, de acuerdo, mociones de censura, o elección de funcionarios. En el caso de las Asambleas y Concejos se refiere a sus comisiones.

3. Por no tomar posesión del cargo dentro de los ocho (8) días siguientes a la fecha de instalación de la respectiva corporación, o a la fecha en que fueran llamados a posesionarse.

4. Por indebida destinación de dineros públicos.

5. Por tráfico de influencias debidamente comprobado.

6. Por violar el régimen de financiación de las campañas electorales, por negociar votos, o por participar en prácticas de trashumancia electoral.

7. Por celebrar o ejecutar cualquier acuerdo que hubiere tenido por objeto el ingreso a la Corporación de quien deba sustituirlos, o por alegar como motivo para retirarse de la misma una incapacidad absoluta o una renuncia que se probaren injustificadas. En caso de acuerdos perderán la investidura las partes involucradas.

8. Por gestionar o aceptar auxilios con recursos públicos, cualquiera que hubiese sido su forma de aprobación o ejecución.

Parágrafo 1.º El servidor público que ofrezca cuotas o prebendas burocráticas a uno o más Congresistas diputados o concejales a cambio de la aprobación de un proyecto de acto legislativo o ley, ordenanza o acuerdo será sancionado por falta gravísima que acarrea pérdida de empleo.

Parágrafo 2.º La ley reglamentará las causales de pérdida de investidura de los miembros de las corporaciones públicas, para garantizar los principios de proporcionalidad, legalidad, debido proceso y culpabilidad. Igualmente, fijará el procedimiento para tramitarla y dispondrá una mayoría calificada para imponer la sanción y su graduación, de acuerdo con el principio de proporcionalidad. Esta disposición no tendrá efectos retroactivos.

Facúltese al Presidente de la República para que, en el término de 90 días, contados a partir de la entrada en vigencia de esta reforma constitucional, mediante decreto con fuerza de ley, adopte las disposiciones contenidas en el presente **Artículo**.

Parágrafo 3.º El servidor público que ofrezca cuotas o prebendas burocráticas a un congresista, diputado, o concejal, a cambio de la aprobación de un proyecto de acto legislativo, ley, ordenanza, o acuerdo, será sancionado por falta gravísima con pérdida de empleo.

(**Artículo** modificado por Ley 796 de 2003-modificación numerales 2, 3, 6 y 7; parágrafo 2 y adición parágrafo 3.)

(**Artículo** modificado por Decreto 99 de 2003-adición numeral 8 y Parágrafos 1 y 2.)

Artículo 184. La pérdida de investidura será decretada por el Consejo de Estado, Sala Electoral en primera instancia, y Consejo en Pleno en segunda, en un término no mayor a noventa (90) días hábiles, contados a partir de la solicitud formulada por la Mesa Directiva de la cámara correspondiente o por cualquier ciudadano.

La ley señalará el procedimiento para tramitarla con observancia del debido proceso y graduará la duración de la sanción en garantía del principio de proporcionalidad.

(**Artículo** modificado por Decreto 1500 de 2002.)

Artículo 185. Los congresistas serán inviolables por las opiniones y los votos que emitan en el ejercicio del cargo, sin perjuicio de las normas disciplinarias contenidas en el reglamento respectivo.

Artículo 186. De los delitos que cometan los congresistas conocerán como investigador y acusador la Fiscalía General de la Nación previa petición de la Sala Penal de la Corte Suprema de Justicia de conformidad con la ley, a través del señor Fiscal General o su delegado ante la Corte, y como juzgador en primera instancia la Sala Penal de la Corte Suprema de Justicia y en segunda instancia la Sala Plena de la Corte Suprema de Justicia.

(**Artículo** modificado por Decreto 1500 de 2002.)

Artículo 187. La asignación de los miembros del Congreso se reajustará cada año en proporción igual al promedio ponderado de los cambios ocurridos en la remuneración de los servidores de la administración central, según certificación que para el efecto expida el Contralor General de la República.

A partir de la vigencia de la presente reforma constitucional, la persona que adquiera el derecho a pensionarse no podrá recibir con cargo a recursos de naturaleza pública, una pensión superior a veinticinco (25) salarios mínimos mensuales legales vigentes. Se exceptúan quienes tengan derechos adquiridos y quienes estén amparados por los regímenes pensionales exceptuados y especiales.

La vigencia de los regímenes pensionales exceptuados, especiales, o provenientes de normas y acuerdos entre nacionales de cualquier naturaleza, expirará el 31 de diciembre de 2007, con excepción del régimen pensional de los Presidentes de la República que tendrá eficacia desde la fecha de entrada de la presente reforma constitucional.

El régimen de transición será reglamentado por la ley del Sistema General de Pensiones.

Los requisitos y beneficios pensionales para todas las personas, a partir de la vigencia de la presente reforma constitucional, con las excepciones temporales anteriores, serán los establecidos en la ley del Sistema General de Pensiones. No podrá dictarse disposición alguna o invocarse acuerdos entre nacionales, de ninguna naturaleza, para apartarse de lo allí establecido.

Con las excepciones previstas en la ley del Sistema General de Pensiones, a partir de la vigencia de la presente reforma constitucional, no podrán reconocerse pensiones de vejez o jubilación a personas con menos de 55 años de edad.

La Ley General de Pensiones ordenará la revisión de las pensiones decretadas sin el cumplimiento de los requisitos legales, o con abuso del derecho.

A partir del 1.º de enero del año 2005, y hasta diciembre de 2006, no se incrementarán los salarios y pensiones de los servidores públicos, o de aquellas personas cuyos salarios y pensiones se paguen con recursos públicos, en ambos casos cuando devenguen más de veinticinco (25) salarios mínimos mensuales legales vigentes.

Se excluye de esta disposición el régimen legal para los miembros de la Fuerza Pública.

(Modificado por Ley 796 de 2003.)

Título VII. De la rama ejecutiva

Capítulo I. Del Presidente de la República

Artículo 188. El Presidente de la República simboliza la unidad nacional y al jurar el cumplimiento de la Constitución y de las leyes, se obliga a garantizar los derechos y libertades de todos los colombianos.

Artículo 189. Corresponde al Presidente de la República como Jefe de Estado, Jefe del Gobierno y Suprema Autoridad Administrativa:

1. Nombrar y separar libremente a los Ministros del Despacho y a los Directores de Departamentos Administrativos.
2. Dirigir las relaciones internacionales. Nombrar a los agentes diplomáticos y consulares, recibir a los agentes respectivos y celebrar con otros Estados y entidades de derecho internacional tratados o convenios que se someterán a la aprobación del Congreso.
3. Dirigir la fuerza pública y disponer de ella como Comandante Supremo de las Fuerzas Armadas de la República.
4. Conservar en todo el territorio el orden público y restablecerlo donde fuere turbado.
5. Dirigir las operaciones de guerra cuando lo estime conveniente.
6. Proveer a la seguridad exterior de la República, defendiendo la independencia y la honra de la Nación y la inviolabilidad del territorio; declarar la guerra con permiso del Senado, o hacerla sin tal autorización para repeler una agre-

sión extranjera; y convenir y ratificar los tratados de paz, de todo lo cual dará cuenta inmediata al Congreso.

7. Permitir, en receso del Senado, previo dictamen del Consejo de Estado, el tránsito de tropas extranjeras por el territorio de la República.

8. Instalar y clausurar las sesiones del Congreso en cada legislatura.

9. Sancionar las leyes.

10. Promulgar las leyes, obedecerlas y velar por su estricto cumplimiento.

11. Ejercer la potestad reglamentaria, mediante la expedición de los decretos, resoluciones y órdenes necesarios para la cumplida ejecución de las leyes.

12. Presentar un informe al Congreso, al iniciarse cada legislatura, sobre los actos de la Administración, sobre la ejecución de los planes y programas de desarrollo económico y social, y sobre los proyectos que el Gobierno se proponga adelantar durante la vigencia de la nueva legislatura.

13. Nombrar a los presidentes, directores o gerentes de los establecimientos públicos nacionales y a las personas que deban desempeñar empleos nacionales cuya provisión no sea por concurso o no corresponda a otros funcionarios o corporaciones, según la Constitución o la ley.

En todo caso, el Gobierno tiene la facultad de nombrar y remover libremente a sus agentes.

14. Crear, fusionar o suprimir, conforme a la ley, los empleos que demande la administración central, señalar sus funciones especiales y fijar sus dotaciones y emolumentos. El Gobierno no podrá crear, con cargo al Tesoro, obligaciones que excedan el monto global fijado para el respectivo servicio en la ley de apropiaciones iniciales.

15. Suprimir o fusionar entidades u organismos administrativos nacionales de conformidad con la ley.

16. Modificar la estructura de los Ministerios, Departamentos Administrativos y demás entidades u organismos administrativos nacionales, con sujeción a los principios y reglas generales que defina la ley.

17. Distribuir los negocios según su naturaleza, entre Ministerios, Departamentos Administrativos y Establecimientos Públicos.

18. Conceder permiso a los empleados públicos nacionales que lo soliciten, para aceptar, con carácter temporal, cargos o mercedes de gobiernos extranjeros.

19. Conferir grados a los miembros de la fuerza pública y someter para aprobación del Senado los que correspondan de acuerdo con el **Artículo** 173.

20. Velar por la estricta recaudación y administración de las rentas y caudales públicos y decretar su inversión de acuerdo con las leyes.

21. Ejercer la inspección y vigilancia de la enseñanza conforme a la ley.

22. Ejercer la inspección y vigilancia de la prestación de los servicios públicos.

23. Celebrar los contratos que le correspondan con sujeción a la Constitución y la ley.

24. Ejercer, de acuerdo con la ley, la inspección, vigilancia y control sobre las personas que realicen actividades financiera, bursátil, aseguradora y cualquier otra relacionada con el manejo, aprovechamiento o inversión de recursos captados del público. Asimismo, sobre las entidades cooperativas y las sociedades mercantiles.

25. Organizar el Crédito Público; reconocer la deuda nacional y arreglar su servicio; modificar los aranceles, tarifas y demás disposiciones concernientes al régimen de aduanas; regular el comercio exterior; y ejercer la intervención en las actividades financiera, bursátil, aseguradora y cualquier otra

relacionada con el manejo, aprovechamiento e inversión de recursos provenientes del ahorro de terceros de acuerdo con la ley.

26. Ejercer la inspección y vigilancia sobre instituciones de utilidad común para que sus rentas se conserven y sean debidamente aplicadas y para que en todo lo esencial se cumpla con la voluntad de los fundadores.

27. Conceder patente de privilegio temporal a los autores de invenciones o perfeccionamientos útiles, con arreglo a la ley.

28. Expedir cartas de naturalización, conforme a la ley.

Artículo 190. El Presidente de la República será elegido para un período de cuatro años, por la mitad más uno de los votos que, de manera secreta y directa, depositen los ciudadanos en la fecha y con las formalidades que determine la ley. Si ningún candidato obtiene dicha mayoría, se celebrará una nueva votación que tendrá lugar tres semanas más tarde, en la que solo participarán los dos candidatos que hubieren obtenido las más altas votaciones. Será declarado Presidente quien obtenga el mayor número de votos.

En caso de muerte o incapacidad física permanente de alguno de los dos candidatos con mayoría de votos, su partido o movimiento político podrá inscribir un nuevo candidato para la segunda vuelta. Si no lo hace o si la falta obedece a otra causa, lo reemplazará quien hubiese obtenido la tercera votación; y así en forma sucesiva y en orden descendente.

Si la falta se produjese con antelación menor a dos semanas de la segunda vuelta, ésta se aplazará por quince días.

Artículo 191. Para ser Presidente de la República se requiere ser colombiano por nacimiento, ciudadano en ejercicio y mayor de treinta años.

Artículo 192. El Presidente de la República tomará posesión de su destino ante el Congreso, y prestará juramento en estos términos: «Juro a Dios y prometo al pueblo cumplir fielmente la Constitución y las leyes de Colombia».

Si por cualquier motivo el Presidente de la República no pudiere tomar posesión ante el Congreso, lo hará ante la Corte Suprema de Justicia o, en defecto de ésta, ante dos testigos.

Artículo 193. Corresponde al Senado conceder licencia al Presidente de la República para separarse temporalmente del cargo.

Por motivo de enfermedad, el Presidente de la República puede dejar de ejercer el cargo, por el tiempo necesario, mediante aviso al Senado o, en receso de éste, a la Corte Suprema de Justicia.

Artículo 194. Son faltas absolutas del Presidente de la República su muerte, su renuncia aceptada, la destitución decretada por sentencia, la incapacidad física permanente y el abandono del cargo, declarados éstos dos últimos por el Senado.

Son faltas temporales la licencia y la enfermedad, de conformidad con el **Artículo** precedente y la suspensión en el ejercicio del cargo decretada por el Senado, previa admisión pública de la acusación en el caso previsto en el numeral primero del **Artículo** 175.

Artículo 195. El encargado del Ejecutivo tendrá la misma preeminencia y las mismas atribuciones que el Presidente, cuyas veces hace.

Artículo 196. El Presidente de la República, o quien haga sus veces, no podrá trasladarse a territorio extranjero durante el ejercicio de su cargo, sin previo aviso al Senado o, en receso de éste, a la Corte Suprema de Justicia.

La infracción de esta disposición implica abandono del cargo.

El Presidente de la República, o quien haya ocupado la Presidencia a título de encargado, no podrá salir del país dentro del año siguiente a la fecha en que cesó en el ejercicio de sus funciones, sin permiso previo del Senado.

Cuando el Presidente de la República se traslade a territorio extranjero en ejercicio de su cargo, el Ministro a quien corresponda, según el orden de precedencia legal, ejercerá bajo su propia responsabilidad las funciones constitucionales que el Presidente le delegue, tanto aquellas que le son propias como las que ejerce en su calidad de Jefe del Gobierno. El Ministro Delegatario pertenecerá al mismo partido o movimiento político del Presidente.

Artículo 197. Nadie podrá ser elegido para ocupar la Presidencia de la República por más de dos períodos.

No podrá ser elegido Presidente de la República o Vicepresidente quien hubiere incurrido en alguna de las causales de inhabilidad consagradas en los numerales 1, 4 y 7 del **Artículo** 179, ni el ciudadano que un año antes de la elección haya ejercido cualquiera de los siguientes cargos:

Ministro, Director de Departamento Administrativo, Magistrado de la Corte Suprema de Justicia, de la Corte Constitucional, del Consejo de Estado, del Consejo Superior de la Judicatura, o del Consejo Nacional Electoral, Procurador General de la Nación, Defensor del Pueblo, Contralor General de la República, Fiscal General de la Nación, Registrador Nacional del Estado Civil, Comandantes de las Fuerzas Militares, Director General de la Policía, Gobernador de Departamento o Alcaldes.

Parágrafo transitorio. Quien ejerza o haya ejercido la Presidencia de la República antes de la vigencia del presente Acto Legislativo solo podrá ser elegido para un nuevo período presidencial.

(**Artículo** modificado por Decreto 2310 de 2004.)

Artículo 198. El Presidente de la República, o quien haga sus veces, será responsable de sus actos u omisiones que violen la Constitución o las leyes.

Artículo 199. El Presidente de la República, durante el período para el que sea elegido, o quien se halle encargado de la Presidencia, no podrá ser perseguido ni juzgado por delitos, sino en virtud de acusación de la Cámara de Representantes y cuando el Senado haya declarado que hay lugar a formación de causa.

Capítulo II. Del Gobierno

Artículo 200. Corresponde al Gobierno, en relación con el Congreso:

1. Concurrir a la formación de las leyes, presentando proyectos por intermedio de los ministros, ejerciendo el derecho de objetarlos y cumpliendo el deber de sancionarlos con arreglo a la Constitución.
2. Convocarlo a sesiones extraordinarias.
3. Presentar el plan nacional de desarrollo y de inversiones públicas, conforme a lo dispuesto en el **Artículo** 150.
4. Enviar a la Cámara de Representantes el proyecto de presupuesto de rentas y gastos.
5. Rendir a las cámaras los informes que éstas soliciten sobre negocios que no demanden reserva.
6. Prestar eficaz apoyo a las cámaras cuando ellas lo soliciten poniendo a su disposición la fuerza pública, si fuere necesario.

Artículo 201. Corresponde al Gobierno, en relación con la Rama Judicial:

1. Prestar a los funcionarios judiciales, con arreglo a las leyes, los auxilios necesarios para hacer efectivas sus providencias.
2. Conceder indultos por delitos políticos, con arreglo a la ley, e informar al Congreso sobre el ejercicio de esta facultad. En ningún caso estos indultos podrán comprender la responsabilidad que tengan los favorecidos respecto de los particulares.

Capítulo III. Del Vicepresidente

Artículo 202. El Vicepresidente de la República será elegido por votación popular el mismo día y en la misma fórmula con el Presidente de la República.

Los candidatos para la segunda votación, si la hubiere, deberán ser en cada fórmula quienes la integraron en la primera.

El Vicepresidente tendrá el mismo período del Presidente y lo reemplazará en sus faltas temporales o absolutas, aun en el caso de que éstas se presenten antes de su posesión.

En las faltas temporales del Presidente de la República bastará con que el Vicepresidente tome posesión del cargo en la primera oportunidad, para que pueda ejercerlo cuantas veces fuere necesario. En caso de falta absoluta del Presidente de la República, el Vicepresidente asumirá el cargo hasta el final del período.

El Presidente de la República podrá confiar al Vicepresidente misiones o encargos especiales y designarlo en cualquier cargo de la rama ejecutiva. El Vicepresidente no podrá asumir funciones de Ministro Delegatario.

Artículo 203. A falta del Vicepresidente cuando estuviera ejerciendo la Presidencia, ésta será asumida por un Ministro en el orden que establezca la ley.

La persona que de conformidad con este **Artículo** reemplace al Presidente, pertenecerá a su mismo partido o movimiento y ejercerá la Presidencia hasta cuando el Congreso, por derecho propio, dentro de los treinta días siguientes a la fecha en que se produzca la vacancia presidencial, elija al Vicepresidente, quien tomará posesión de la Presidencia de la República.

Artículo 204. Para ser elegido Vicepresidente se requieren las mismas calidades que para ser Presidente de la República.

El Vicepresidente podrá ser reelegido para el período siguiente si integra la misma fórmula del Presidente en ejercicio.

El Vicepresidente podrá ser elegido Presidente de la República para el período siguiente cuando el Presidente en ejercicio no se presente como candidato.

(**Artículo** Modificado por Decreto 2310 de 2004.)

Artículo 205. En caso de falta absoluta del Vicepresidente, el Congreso se reunirá por derecho propio, o por convocatoria del Presidente de la República, a fin de elegir a quien haya de remplazarlo para el resto del período. Son faltas absolutas del Vicepresidente: su muerte, su renuncia aceptada y la incapacidad física permanente reconocida por el Congreso.

Capítulo IV. De los ministros y directores de los departamentos administrativos

Artículo 206. El número, denominación y orden de precedencia de los ministerios y departamentos administrativos serán determinados por la ley.

Artículo 207. Para ser ministro o director de departamento administrativo se requieren las mismas calidades que para ser representante a la Cámara.

Artículo 208. Los Ministros y los directores de departamentos administrativos son los jefes de la administración en sus respectivas dependencias. Bajo la dirección del Presidente de la República, les corresponde formular las políticas atinentes a su despacho, dirigir la actividad administrativa y ejecutar la ley.

No podrán ser nombrados Ministros ni directores de departamentos administrativos ni superintendentes quienes dentro del año anterior a la designación hayan desempeñado cargo o prestado sus servicios a los gremios del ramo respectivo o a personas jurídicas que deban tener bajo su vigilancia y control.

Los ministros, en relación con el Congreso, son voceros del Gobierno, presentan a las cámaras proyectos de ley, atienden las citaciones que aquellas les hagan y toman parte en los debates directamente o por conducto de los viceministros.

Las cámaras pueden requerir la asistencia de los ministros. Las comisiones permanentes, además, la de los viceministros, los directores de departamentos administrativos, el Gerente del Banco de la República, los presidentes, directores o gerentes de las entidades descentralizadas del orden nacional, los miembros de las comisiones reguladoras y la de otros funcionarios de la rama ejecutiva del poder público.

También podrá citar, para discutir temas de interés público, a cualquier persona natural que tenga relación con el asunto a tratar.

Los ministros y los directores de departamentos administrativos, el Gerente del Banco de la República y los presidentes, directores o gerentes de las entidades del orden nacional presentarán al Congreso, dentro de los primeros quince días de cada legislatura, informe sobre el estado de los asuntos adscritos a su Ministerio, Departamento Administrativo o Instituto, de los avances en los objetivos y metas que le fueron encomendadas en el Plan de Desarrollo y sobre las reformas que consideren convenientes. Los Ministros, deberán sustentar su informe ante las comisiones constitucionales del Congreso en sesión conjunta que será convocada para el efecto dentro del primer mes de la legislatura.

Dichos informes de los Ministros deberán ser analizados y aprobados por el Congreso. Si la reunión conjunta de las Comisiones relacionadas con el área de actuación de cada Ministerio reunidas para su análisis, rechaza el informe, este se remitirá para su debate en Congreso pleno y para adelantar el procedimiento de moción de censura.

Los Ministros y Directores del Departamento Administrativo no podrán aceptar cargo, ni prestar sus servicios durante el año siguiente a su desvinculación, a los gremios del ramo respectivo o personas jurídicas que hayan tenido bajo su vigilancia y control. Esta incompatibilidad también se aplicará a quienes desempeñen el cargo de superintendente y gerente o director de instituto descentralizado.

(Modificado por Decreto 99 de 2003.)

Capítulo V. De la función administrativa

Artículo 209. La función administrativa está al servicio de los intereses generales y se desarrolla con fundamento en los principios de igualdad, moralidad, eficacia, economía, celeridad, imparcialidad y publicidad, mediante la descentralización, la delegación y la desconcentración de funciones.

Las autoridades administrativas deben coordinar sus actuaciones para el adecuado cumplimiento de los fines del Estado. La administración pública, en todos sus órdenes, tendrá un control interno que se ejercerá en los términos que señale la ley.

Artículo 210. Las entidades del orden nacional descentralizadas por servicios solo pueden ser creadas por ley o por autorización de ésta, con fundamento en los principios que orientan la actividad administrativa.

Los particulares pueden cumplir funciones administrativas en las condiciones que señale la ley.

La ley establecerá el régimen jurídico de las entidades descentralizadas y la responsabilidad de sus presidentes, directores o gerentes.

Artículo 211. La ley señalará las funciones que el Presidente de la República podrá delegar en los ministros, directores de departamentos administrativos, representantes legales de entidades descentralizadas, superintendentes, gobernadores, alcaldes y agencias del Estado que la misma ley determine. Igualmente, fijará las condiciones para que las autoridades administrativas puedan delegar en sus subalternos o en otras autoridades.

La delegación exime de responsabilidad al delegante, la cual corresponderá exclusivamente al delegatario, cuyos actos o resoluciones podrá siempre reformar o revocar aquel, reasumiendo la responsabilidad consiguiente.

La ley establecerá los recursos que se pueden interponer contra los actos de los delegatarios.

Capítulo VI. De los estados de excepción

Artículo 212. El Presidente de la República, con la firma de todos los ministros, podrá declarar el Estado de Guerra Exterior. Mediante tal declaración, el Gobierno tendrá las facultades estrictamente necesarias para repeler la agresión, defender la soberanía, atender los requerimientos de la guerra, y procurar el restablecimiento de la normalidad.

La declaración del Estado de Guerra Exterior solo procederá una vez el Senado haya autorizado la declaratoria de guerra, salvo que a juicio del Presidente fuere necesario repeler la agresión.

Mientras subsista el Estado de Guerra, el Congreso se reunirá con la plenitud de sus atribuciones constitucionales y legales, y el Gobierno le informará motivada y periódicamente sobre los decretos que haya dictado y la evolución de los acontecimientos.

Los decretos legislativos que dicte el Gobierno suspenden las leyes incompatibles con el Estado de Guerra, rigen durante el tiempo que ellos mismos señalen y dejarán de tener vigencia tan pronto se declare restablecida la normalidad. El Congreso podrá, en cualquier época, reformarlos o derogarlos con el voto favorable de los dos tercios de los miembros de una y otra cámara.

Artículo 213. En caso de grave perturbación del orden público que atente de manera inminente contra la estabilidad institucional, la seguridad del Estado, o la convivencia ciudadana, y que no pueda ser conjurada mediante el uso de las atribuciones ordinarias de las autoridades de Policía, el Presidente de la República, con la firma de todos los ministros, podrá declarar el Estado de Conmoción Interior, en toda la República o parte de ella, por término no mayor de noventa días, prorrogable hasta por dos períodos iguales, el segundo de los cuales requiere concepto previo y favorable del Senado de la República.

Mediante tal declaración, el Gobierno tendrá las facultades estrictamente necesarias para conjurar las causas de la perturbación e impedir la extensión de sus efectos.

Los decretos legislativos que dicte el Gobierno podrán suspender las leyes incompatibles con el Estado de Conmoción y dejarán de regir tan pronto como se declare restablecido el orden público. El Gobierno podrá prorrogar su vigencia hasta por noventa días más.

Dentro de los tres días siguientes a la declaratoria o prórroga del Estado de Conmoción, el Congreso se reunirá por derecho propio, con la plenitud de sus atribuciones constitucionales y legales. El Presidente le pasará inmediatamente un informe motivado sobre las razones que determinaron la declaración.

En ningún caso los civiles podrán ser investigados o juzgados por la justicia penal militar.

Artículo 214. Los Estados de Excepción a que se refieren los **Artículos** anteriores se someterán a las siguientes disposiciones:

1. Los decretos legislativos llevarán la firma del Presidente de la República y todos sus ministros y solamente podrán referirse a materias que tengan relación directa y específica con la situación que hubiere determinado la declaratoria del Estado de Excepción.
2. No podrán suspenderse los derechos humanos ni las libertades fundamentales. En todo caso se respetarán las reglas del derecho internacional humanitario. Una ley estatutaria regulará las facultades del Gobierno durante los estados de excepción y establecerá los controles judiciales y las garantías para proteger los derechos, de conformidad con los tratados internacionales. Las medidas que se adopten deberán ser proporcionales a la gravedad de los hechos.
3. No se interrumpirá el normal funcionamiento de las ramas del poder público ni de los órganos del Estado.

4. Tan pronto como hayan cesado la guerra exterior o las causas que dieron lugar al Estado de Conmoción Interior, el Gobierno declarará restablecido el orden público y levantará el Estado de Excepción.

5. El Presidente y los ministros serán responsables cuando declaren los estados de excepción sin haber ocurrido los casos de guerra exterior o de conmoción interior, y lo serán también, al igual que los demás funcionarios, por cualquier abuso que hubieren cometido en el ejercicio de las facultades a que se refieren los **Artículos** anteriores.

6. El Gobierno enviará a la Corte Constitucional al día siguiente de su expedición, los decretos legislativos que dicte en uso de las facultades a que se refieren los **Artículos** anteriores, para que aquella decida definitivamente sobre su constitucionalidad. Si el Gobierno no cumpliere con el deber de enviarlos, la Corte Constitucional aprehenderá de oficio y en forma inmediata su conocimiento.

Artículo 215. Cuando sobrevengan hechos distintos de los previstos en los **Artículos** 212 y 213 que perturben o amenacen perturbar en forma grave e inminente el orden económico, social y ecológico del país, o que constituyan grave calamidad pública, podrá el Presidente, con la firma de todos los ministros, declarar el Estado de Emergencia por períodos hasta de treinta días en cada caso, que sumados no podrán exceder de noventa días en el año calendario.

Mediante tal declaración, que deberá ser motivada, podrá el Presidente, con la firma de todos los ministros, dictar decretos con fuerza de ley, destinados exclusivamente a conjurar la crisis y a impedir la extensión de sus efectos.

Estos decretos deberán referirse a materias que tengan relación directa y específica con el Estado de Emergencia, y podrán, en forma transitoria, establecer nuevos tributos o modificar los existentes. En estos últimos casos, las medidas dejarán de regir al término de la siguiente vigencia fiscal, salvo que el Congreso, durante el año siguiente, les otorgue carácter permanente.

El Gobierno, en el decreto que declare el Estado de Emergencia, señalará el término dentro del cual va a hacer uso de las facultades extraordinarias a que se refiere este **Artículo**, y convocará al Congreso, si éste no se hallare reunido, para los diez días siguientes al vencimiento de dicho término.

El Congreso examinará hasta por un lapso de treinta días, prorrogable por acuerdo de las dos cámaras, el informe motivado que le presente el Gobierno sobre las causas que determinaron el Estado de Emergencia y las medidas adoptadas, y se pronunciará expresamente sobre la conveniencia y oportunidad de las mismas.

El Congreso, durante el año siguiente a la declaratoria de la emergencia, podrá derogar, modificar o adicionar los decretos a que se refiere este **Artículo**, en aquellas materias que ordinariamente son de iniciativa del Gobierno. En relación con aquellas que son de iniciativa de sus miembros, el Congreso podrá ejercer dichas atribuciones en todo tiempo.

El Congreso, si no fuere convocado, se reunirá por derecho propio, en las condiciones y para los efectos previstos en este **Artículo**.

El Presidente de la República y los ministros serán responsables cuando declaren el Estado de Emergencia sin haberse presentado alguna de las circunstancias previstas en el inciso primero, y lo serán también por cualquier abuso cometido en el ejercicio de las facultades que la Constitución otorga al Gobierno durante la emergencia.

El Gobierno no podrá desmejorar los derechos sociales de los trabajadores mediante los decretos contemplados en este **Artículo.**

Parágrafo. El Gobierno enviará a la Corte Constitucional al día siguiente de su expedición los decretos legislativos que dicte en uso de las facultades a que se refiere este **Artículo,** para que aquella decida sobre su constitucionalidad. Si el Gobierno no cumpliere con el deber de enviarlos, la Corte Constitucional aprehenderá de oficio y en forma inmediata su conocimiento.

Capítulo VII. De la fuerza pública

Artículo 216. La fuerza pública estará integrada en forma exclusiva por las Fuerzas Militares y la Policía Nacional.

Todos los colombianos están obligados a tomar las armas cuando las necesidades públicas lo exijan para defender la independencia nacional y las instituciones públicas.

La Ley determinará las condiciones que en todo tiempo eximen del servicio militar y las prerrogativas por la prestación del mismo.

Artículo 217. La Nación tendrá para su defensa unas Fuerzas Militares permanentes constituidas por el Ejército, la Armada y la Fuerza Aérea.

Las Fuerzas Militares tendrán como finalidad primordial la defensa de la soberanía, la independencia, la integridad del territorio nacional y del orden constitucional.

La Ley determinará el sistema de reemplazos en las Fuerzas Militares, así como los ascensos, derechos y obligaciones de sus miembros y el régimen especial de carrera, prestacional y disciplinario, que les es propio.

Artículo 218. La ley organizará el cuerpo de Policía.

La Policía Nacional es un cuerpo armado permanente de naturaleza civil, a cargo de la Nación, cuyo fin primordial es el mantenimiento de las condiciones necesarias para el ejercicio de los derechos y libertades públicas, y para asegurar que los habitantes de Colombia convivan en paz.

La ley determinará su régimen de carrera, prestacional y disciplinario.

Artículo 219. La Fuerza Pública no es deliberante; no podrá reunirse sino por orden de autoridad legítima, ni dirigir peticiones, excepto sobre asuntos que se relacionen con el servicio y la moralidad del respectivo cuerpo y con arreglo a la ley.

Los miembros de la Fuerza Pública no podrán ejercer la función del sufragio mientras permanezcan en servicio activo, ni intervenir en actividades o debates de partidos o movimientos políticos.

Artículo 220. Los miembros de la Fuerza Pública no pueden ser privados de sus grados, honores y pensiones, sino en los casos y del modo que determine la Ley.

Artículo 221. De los delitos cometidos por los miembros de la fuerza pública en servicio activo, y en relación con el mismo servicio, conocerán las Cortes Marciales o Tribunales Militares, con arreglo a las prescripciones del Código Penal Militar. Tales Cortes o Tribunales estarán integrados por miembros de la Fuerza Pública en servicio activo o en retiro.

(Modificado por Acto Legislativo Número 2 de 1995.)

Artículo 222. La ley determinará los sistemas de promoción profesional, cultural y social de los miembros de la Fuerza Pública. En las etapas de su formación, se les impartirá la enseñanza de los fundamentos de la democracia y de los derechos humanos.

Artículo 223. Solo el Gobierno puede introducir y fabricar armas, municiones de guerra y explosivos. Nadie podrá poseerlos ni portarlos sin permiso de la autoridad competente. Este permiso no podrá extenderse a los casos de concurrencia a reuniones políticas, a elecciones, o a sesiones de corporaciones públicas o asambleas, ya sea para actuar en ellas o para presenciarlas.

Los miembros de los organismos nacionales de seguridad y otros cuerpos oficiales armados, de carácter permanente, creados o autorizados por la ley, podrán portar armas bajo el control del Gobierno, de conformidad con los principios y procedimientos que aquella señale.

Capítulo VIII. De las relaciones internacionales

Artículo 224. Los tratados, para su validez, deberán ser aprobados por el Congreso. Sin embargo, el Presidente de la República podrá dar aplicación provisional a los tratados de naturaleza económica y comercial acordados en el ámbito de organismos internacionales, que así lo dispongan. En este caso tan pronto como un tratado entre en vigor provisionalmente, deberá enviarse al Congreso para su aprobación. Si el Congreso no lo aprueba, se suspenderá la aplicación del tratado.

Artículo 225. La Comisión Asesora de Relaciones Exteriores, cuya composición será determinada por la ley, es cuerpo consultivo del Presidente de la República.

Artículo 226. El Estado promoverá la internacionalización de las relaciones políticas, económicas, sociales y ecológicas sobre bases de equidad, reciprocidad y conveniencia nacional.

Artículo 227. El Estado promoverá la integración económica, social y política con las demás naciones y especialmente, con los países de América Latina y del Caribe mediante la celebración de tratados que sobre bases de equidad, igualdad y reciprocidad, creen organismos supranacionales, inclusive para conformar una comunidad latinoamericana de naciones. La ley podrá establecer elecciones directas para la

Constitución del Parlamento Andino y del Parlamento Lati-
noamericano.

Título VIII. De la rama judicial

Capítulo I. De las Disposiciones generales

Artículo 228. La Administración de Justicia es función pública. Sus decisiones son independientes. Las actuaciones serán públicas y permanentes con las excepciones que establezca la ley y en ellas prevalecerá el derecho sustancial. Los términos procesales se observarán con diligencia y su incumplimiento será sancionado. Su funcionamiento será desconcentrado y autónomo.

Artículo 229. Se garantiza el derecho de toda persona para acceder a la administración de justicia. La ley indicará en qué casos podrá hacerlo sin la representación de abogado.

Artículo 230. Los jueces, en sus providencias, solo están sometidos al imperio de la ley.

La equidad, la jurisprudencia, los principios generales del derecho y la doctrina son criterios auxiliares de la actividad judicial.

Artículo 231. Los Magistrados de la Corte Suprema de Justicia y del Consejo de Estado serán nombrados por la respectiva corporación, de listas enviadas por el Consejo Superior de la Judicatura.

Artículo 232. Para ser Magistrado de la Corte Constitucional, de la Corte Suprema de Justicia y del Consejo de Estado se requiere:

1. Ser colombiano de nacimiento y ciudadano en ejercicio.

2. Ser abogado.

3. No haber sido condenado por sentencia judicial a pena privativa de la libertad, excepto por delitos políticos o culposos.

4. Haber desempeñado, durante diez años, cargos en la Rama Judicial o en el Ministerio Público, o haber ejercido, con buen crédito, por el mismo tiempo, la profesión de abogado, o la cátedra universitaria en disciplinas jurídicas en establecimientos reconocidos oficialmente.

Parágrafo. Para ser Magistrado de estas corporaciones no será requisito pertenecer a la carrera judicial.

Artículo 233. Los Magistrados de la Corte Constitucional, de la Corte Suprema de Justicia, y del Consejo de Estado serán elegidos para períodos individuales de ocho años, no podrán ser reelegidos y permanecerán en el ejercicio de sus cargos mientras observen buena conducta, tengan rendimiento satisfactorio y no hayan llegado a edad de retiro forzoso.

Capítulo II. De la jurisdicción ordinaria

Artículo 234. La Corte Suprema de Justicia es el máximo tribunal de la jurisdicción ordinaria y se compondrá del número impar de magistrados que determine la ley. Esta dividirá la Corte en salas, señalará a cada una de ellas los asuntos que deba conocer separadamente y determinará aquellos en que deba intervenir la Corte en pleno.

La ley determinará el número de magistrados que conforman la Sala Penal, lo mismo que la forma como se dividirá para garantizar el control de garantía constitucional respecto de las medidas judiciales limitativas de derechos fundamentales que se tomen dentro del proceso penal.

(**Artículo** modificado por Decreto 1500 de 2002.)

Artículo 235. Son atribuciones de la Corte Suprema de Justicia:

1. Actuar como Tribunal de Casación en el estudio de sentencias ejecutoriadas. La ley podrá determinar mecanismos sumarios de respuesta con el fin de lograr la unificación de la jurisprudencia, la protección de las garantías fundamentales y la restauración del derecho vulnerado.

2. Juzgar al Presidente de la República o a quien haga sus veces y a los altos funcionarios de que trata el **Artículo** 174, por cualquier hecho punible que se les impute, conforme al **Artículo** 175 numerales 2 y 3.

3. Juzgar mediante la Sala Penal en primera instancia, previa acusación del Fiscal General de la Nación, a los miembros del Congreso de la República: Senadores y Representantes a la Cámara.

4. Juzgar mediante la Sala Penal en primera instancia, previa acusación del Fiscal General de la Nación, al Vicepresidente de la República, a los ministros del despacho, al Procurador General, al Defensor del Pueblo, a los agentes del Ministerio Público ante la Corte, ante el Consejo de Estado y ante los tribunales; a los directores de los departamentos administrativos, al Auditor General, al Contralor General de la República, a los embajadores y jefes de misión diplomática o consular, a los gobernadores, a los magistrados de

tribunales y a los generales y almirantes de la fuerza pública, por los hechos punibles que se les imputen.

5. Conocer de todos los negocios contenciosos de los agentes diplomáticos acreditados ante el Gobierno de la Nación, en los casos previstos por el derecho internacional.

6. Darse su propio reglamento.

7. Solicitar a través de la Sala Penal, al Fiscal General de la Nación el inicio de investigación a los miembros del Congreso de la República: Senadores y Representantes a la Cámara.

8. Las demás atribuciones que señale la ley.

Parágrafo. Cuando los funcionarios antes enumerados hubieren cesado en el ejercicio de su cargo, el fuero solo se mantendrá para las conductas punibles que tengan relación con las funciones desempeñadas. La intervención de la Fiscalía ante la Corte Suprema de Justicia la ejercerá el Fiscal General de la Nación o, por delegación suya, el Vicefiscal General o los fiscales delegados ante la Corte Suprema de Justicia.

(**Artículo** modificado por Decreto 1500 de 2002.)

Capítulo III. De la jurisdicción contencioso administrativa

Artículo 236. El Consejo de Estado tendrá el número impar de Magistrados que determine la ley.

El Consejo se dividirá en salas y secciones para separar las funciones jurisdiccionales de las demás que le asignen la Constitución y la ley.

La ley señalará las funciones de cada una de las salas y secciones, el número de magistrados que deban integrarlas y su organización interna.

Artículo 237. Son atribuciones del Consejo de Estado:

1. Desempeñar las funciones de tribunal supremo de lo contencioso administrativo, conforme a las reglas que señale la ley.

2. Conocer de las acciones de nulidad por inconstitucionalidad de los decretos dictados por el Gobierno Nacional, cuya competencia no corresponda a la Corte Constitucional.

3. Actuar como cuerpo supremo consultivo del Gobierno en asuntos de administración, debiendo ser necesariamente oído en todos aquellos casos que la Constitución y las leyes determinen.

En los casos de tránsito de tropas extranjeras por el territorio nacional, de estación o tránsito de buques o aeronaves extranjeros de guerra, en aguas o en territorio o en espacio aéreo de la nación, el gobierno debe oír previamente al Consejo de Estado.

4. Preparar y presentar proyectos de actos reformatorios de la Constitución y proyectos de ley.

5. Conocer de los casos sobre pérdida de la investidura de los congresistas, de conformidad con esta Constitución y la ley.

6. Darse su propio reglamento y ejercer las demás funciones que determine la ley.

Artículo 238. La jurisdicción de lo contencioso administrativo podrá suspender provisionalmente, por los motivos y con los requisitos que establezca la ley, los efectos de los actos administrativos que sean susceptibles de impugnación por vía judicial.

Capítulo IV. De la jurisdicción constitucional

Artículo 239. La Corte Constitucional tendrá el número impar de miembros que determine la ley. En su integración se atenderá el criterio de designación de magistrados pertenecientes a diversas especialidades del Derecho.

Los Magistrados de la Corte Constitucional serán elegidos por el Senado de la República para períodos individuales de ocho años, de sendas ternas que le presenten el Presidente de la República, la Corte Suprema de Justicia y el Consejo de Estado.

Los Magistrados de la Corte Constitucional no podrán ser reelegidos.

Artículo 240. No podrán ser elegidos Magistrados de la Corte Constitucional quienes durante el año anterior a la elección se hayan desempeñado como Ministros del Despacho o Magistrados de la Corte Suprema de Justicia o del Consejo de Estado.

Artículo 241. A la Corte Constitucional se le confía la guarda de la integridad y supremacía de la Constitución, en los estrictos y precisos términos de este **Artículo.** Con tal fin, cumplirá las siguientes funciones:

1. Decidir sobre las demandas de inconstitucionalidad que promuevan los ciudadanos contra los actos reformatorios de

la Constitución, cualquiera que sea su origen, solo por vicios de procedimiento en su formación.

2. Decidir, con anterioridad al pronunciamiento popular, sobre la constitucionalidad de la convocatoria a un referendo o a una Asamblea Constituyente para reformar la Constitución, solo por vicios de procedimiento en su formación.

3. Decidir sobre la constitucionalidad de los referendos sobre leyes y de las consultas populares y plebiscitos del orden nacional. Estos últimos solo por vicios de procedimiento en su convocatoria y realización.

4. Decidir sobre las demandas de inconstitucionalidad que presenten los ciudadanos contra las leyes, tanto por su contenido material como por vicios de procedimiento en su formación.

5. Decidir sobre las demandas de inconstitucionalidad que presenten los ciudadanos contra los decretos con fuerza de ley dictados por el Gobierno con fundamento en los **Artículos** 150 numeral 10 y 341 de la Constitución, por su contenido material o por vicios de procedimiento en su formación.

6. Decidir sobre las excusas de que trata el **Artículo** 137 de la Constitución.

7. Decidir definitivamente sobre la constitucionalidad de los decretos legislativos que dicte el Gobierno con fundamento en los **Artículos** 212, 213 y 215 de la Constitución.

8. Decidir definitivamente sobre la constitucionalidad de los proyectos de ley que hayan sido objetados por el Gobierno como inconstitucionales, y de los proyectos de leyes estatutarias, tanto por su contenido material como por vicios de procedimiento en su formación.

9. Revisar, en la forma que determine la ley, las decisiones judiciales relacionadas con la acción de tutela de los derechos constitucionales.

10. Decidir definitivamente sobre la exequibilidad de los tratados internacionales y de las leyes que los aprueben. Con tal fin, el Gobierno los remitirá a la Corte, dentro de los seis días siguientes a la sanción de la ley. Cualquier ciudadano podrá intervenir para defender o impugnar su constitucionalidad. Si la Corte los declara constitucionales, el Gobierno podrá efectuar el canje de notas; en caso contrario no serán ratificados. Cuando una o varias normas de un tratado multilateral sean declaradas inexequibles por la Corte Constitucional, el Presidente de la República solo podrá manifestar el consentimiento formulando la correspondiente reserva.

11. Darse su propio reglamento.

Parágrafo. Cuando la Corte encuentre vicios de procedimiento subsanables en la formación del acto sujeto a su control, ordenará devolverlo a la autoridad que lo profirió para que, de ser posible, enmiende el defecto observado. Subsanado el vicio, procederá a decidir sobre la exequibilidad del acto.

Artículo 242. Los procesos que se adelanten ante la Corte Constitucional en las materias a que se refiere este título, serán regulados por la ley conforme a las siguientes disposiciones:

1. Cualquier ciudadano podrá ejercer las acciones públicas previstas en el **Artículo** precedente, e intervenir como impugnador o defensor de las normas sometidas a control en los procesos promovidos por otros, así como en aquellos para los cuales no existe acción pública.

2. El Procurador General de la Nación deberá intervenir en todos los procesos.

3. Las acciones por vicios de forma caducan en el término de un año, contado desde la publicación del respectivo acto.

4. De ordinario, la Corte dispondrá del término de sesenta días para decidir, y el Procurador General de la Nación, de treinta para rendir concepto.

5. En los procesos a que se refiere el numeral 7 del **Artículo** anterior, los términos ordinarios se reducirán a una tercera parte y su incumplimiento es causal de mala conducta, que será sancionada conforme a la ley.

Artículo 243. Los fallos que la Corte dicte en ejercicio del control jurisdiccional hacen tránsito a cosa juzgada constitucional.

Ninguna autoridad podrá reproducir el contenido material del acto jurídico declarado inexequible por razones de fondo, mientras subsistan en la Carta las disposiciones que sirvieron para hacer la confrontación entre la norma ordinaria y la Constitución.

Artículo 244. La Corte Constitucional comunicará al Presidente de la República o al Presidente del Congreso, según el caso, la iniciación de cualquier proceso que tenga por objeto el examen de constitucionalidad de normas dictadas por ellos. Esta comunicación no dilatará los términos del proceso.

Artículo 245. El Gobierno no podrá conferir empleo a los Magistrados de la Corte Constitucional durante el período de ejercicio de sus funciones ni dentro del año siguiente a su retiro.

Capítulo V. De las jurisdicciones especiales

Artículo 246. Las autoridades de los pueblos indígenas podrán ejercer funciones jurisdiccionales dentro de su ámbito territorial, de conformidad con sus propias normas y procedimientos, siempre que no sean contrarios a la Constitución y leyes de la República. La ley establecerá las formas de coordinación de esta jurisdicción especial con el sistema judicial nacional.

Artículo 247. La ley podrá crear jueces de paz encargados de resolver en equidad conflictos individuales y comunitarios. También podrá ordenar que se elijan por votación popular.

Artículo 248. Únicamente las condenas proferidas en sentencias judiciales en forma definitiva tienen la calidad de antecedentes penales y contravencionales en todos los órdenes legales.

Capítulo VI. De la Fiscalía General de la Nación

Artículo 249. La Fiscalía General de la Nación estará integrada por el Fiscal General, los fiscales delegados y los demás funcionarios que determine la ley.

El Fiscal General de la Nación será elegido para un período de cuatro años por la Corte Suprema de Justicia, de terna enviada por el Presidente de la República y no podrá ser reelegido. Debe reunir las mismas calidades exigidas para ser Magistrado de la Corte Suprema de Justicia. La Fiscalía

General de la Nación forma parte de la rama judicial y tendrá autonomía administrativa y presupuestal.

Artículo 250. Corresponde a la Fiscalía General de la Nación, de oficio o con fundamento en denuncia, petición especial o querella, desarrollar las investigaciones de los hechos que puedan constituir delitos y acusar ante los jueces de la República, cuando fuere el caso, a los presuntos infractores de la ley penal. Se exceptúan los delitos cometidos por miembros de la Fuerza Pública en servicio activo y en relación con el mismo servicio. Para tal efecto la Fiscalía General de la Nación, deberá:

1. Solicitar al juez de control de garantías las medidas que aseguren la comparecencia de los presuntos infractores de la ley penal, las que procuren la conservación de la prueba y la protección de la comunidad; asimismo aquellas necesarias para la asistencia inmediata a las víctimas y hacer efectivo el restablecimiento del derecho.

Excepcionalmente, la ley podrá facultar a la Fiscalía General de la Nación para realizar capturas administrativas. En estos casos, el juez de control de garantías lo realizará a más tardar dentro de las treinta y seis (36) horas siguientes.

El juez de control de garantías, no podrá ser en ningún caso, el juez de conocimiento.

2. Adelantar registros, allanamientos, incautaciones e interceptaciones de comunicaciones. En estos eventos, el juez de control de garantías efectuará el control posterior respectivo, a más tardar dentro de las treinta y seis (36) horas siguientes contadas a partir de su conocimiento.

3. Asegurar los elementos materiales probatorios, garantizando la cadena de custodia mientras se ejerce su contradicción.

4. Aplicar el principio de oportunidad en las causales definidas en la ley.

5. Solicitar al juez de control de garantías la autorización para acusar.

6. Presentar escrito de acusación ante el juez del conocimiento, con el fin de dar inicio a un juicio público, oral, contradictorio y concentrado.

7. Solicitar ante el juez del conocimiento la preclusión de las investigaciones cuando según lo dispuesto en la ley no hubiere mérito para acusar

8. Solicitar ante el juez del conocimiento las, medidas necesarias para la reparación integral a las víctimas. Igualmente, velar por la protección de las víctimas, los testigos y demás intervinientes en el proceso penal. La ley fijará los términos en que podrán intervenir las víctimas en el proceso penal y los mecanismos de justicia restaurativa.

9. Dirigir y coordinar las funciones de policía judicial que en forma permanente cumple la Policía Nacional y los demás organismos que señale la ley.

10. Cumplir las demás funciones que establezca la ley.

El Fiscal General de la Nación y sus delegados tienen competencia en todo el territorio nacional.

(**Artículo** Modificado por Decreto 1500 de 2002 y por Acto Legislativo Número 2 de 2003.)

Artículo 251. Son funciones especiales del Fiscal General de la Nación:

1. Investigar y acusar, si hubiere lugar, a los altos funcionarios que gocen de fuero constitucional, con las excepciones previstas en la Constitución.

2. Nombrar y remover, de conformidad con la ley, a los empleados bajo su dependencia.

3. Asignar y desplazar libremente a sus funcionarios en las investigaciones y procesos. Asimismo, determinar el criterio y la posición que la Fiscalía deba asumir en cada caso, en desarrollo de los principios de unidad de gestión y de jerarquía.

4. Participar en el diseño de la política del Estado en materia criminal y presentar proyectos de ley al respecto.

5. Otorgar atribuciones transitorias a entes públicos que puedan cumplir funciones de Policía Judicial, bajo la responsabilidad y dependencia funcional de la Fiscalía General de la Nación.

6. Suministrar al Gobierno información sobre las investigaciones que se estén adelantando, cuando sea necesaria para la preservación del orden público.

7. Investigar y acusar si hubiere lugar, a los miembros del Congreso, previa solicitud de la Sala Penal de la Corte Suprema de Justicia.

(**Artículo** modificado por Decreto 1500 de 2002.)

Artículo 252. Aun durante los Estados de Excepción de que trata la Constitución en sus **Artículos** 212 y 213, el Gobierno no podrá suprimir, ni modificar los organismos ni las funciones básicas de acusación y juzgamiento.

Artículo 253. La ley determinará lo relativo a la estructura y funcionamiento de la Fiscalía General de la Nación, al ingreso por carrera y al retiro del servicio, a las inhabilidades e incompatibilidades, denominación, calidades, remuneración, prestaciones sociales y régimen disciplinario de los funcionarios y empleados de su dependencia.

Capítulo VII. Del Consejo Superior de la Judicatura

Artículo 254. El Consejo Superior de la Judicatura se dividirá en dos salas:

1. La Sala Administrativa, integrada por seis magistrados elegidos para un período de ocho años, así: dos por la Corte Suprema de Justicia, uno por la Corte Constitucional y tres por el Consejo de Estado.
2. La Sala Jurisdiccional Disciplinaria, integrada por siete magistrados elegidos para un período de ocho años, por el Congreso Nacional de ternas enviadas por el Gobierno. Podrá haber Consejos Seccionales de la Judicatura integrados como lo señale la ley.

Artículo 255. Para ser miembro del Consejo Superior de la Judicatura se requiere ser colombiano por nacimiento, ciudadano en ejercicio y mayor de treinta y cinco años; tener título de abogado y haber ejercido la profesión durante diez años con buen crédito. Los miembros del Consejo no podrán ser escogidos entre los magistrados de las mismas corporaciones postulantes.

Artículo 256. Corresponden al Consejo Superior de la Judicatura o a los Consejos Seccionales, según el caso y de acuerdo a la ley, las siguientes atribuciones:

1. Administrar la carrera judicial.
2. Elaborar las listas de candidatos para la designación de funcionarios judiciales y enviarlas a la entidad que deba ha-

cerla. Se exceptúa la jurisdicción penal militar que se regirá por normas especiales.

3. Examinar la conducta y sancionar las faltas de los funcionarios de la rama judicial, así como las de los abogados en el ejercicio de su profesión, en la instancia que señale la ley.

4. Llevar el control de rendimiento de las corporaciones y despachos judiciales.

5. Elaborar el proyecto de presupuesto de la rama judicial que deberá ser remitido al Gobierno, y ejecutarlo de conformidad con la aprobación que haga el Congreso.

6. Dirimir los conflictos de competencia que ocurran entre las distintas jurisdicciones.

7. Las demás que señale la ley.

Artículo 257. Con sujeción a la ley, el Consejo Superior de la Judicatura cumplirá las siguientes funciones:

1. Fijar la división del territorio para efectos judiciales y ubicar y redistribuir los despachos judiciales.

2. Crear, suprimir, fusionar y trasladar cargos en la administración de justicia. En ejercicio de esta atribución, el Consejo Superior de la Judicatura no podrá establecer a cargo del Tesoro obligaciones que excedan el monto global fijado para el respectivo servicio en la ley de apropiaciones iniciales.

3. Dictar los reglamentos necesarios para el eficaz funcionamiento de la administración de justicia, los relacionados con la organización y funciones internas asignadas a los distintos cargos y la regulación de los trámites judiciales y administrativos que se adelanten en los despachos judiciales, en los aspectos no previstos por el legislador.

4. Proponer proyectos de ley relativos a la administración de justicia y a los códigos sustantivos y procedimentales.

5. Las demás que señale la ley.

Título IX. De las elecciones y de la organización electoral

Capítulo I. Del sufragio y de las elecciones

Artículo 258. El voto es un derecho y un deber ciudadano. El Estado velará porque se ejerza sin ningún tipo de coacción y en forma secreta por los ciudadanos en cubículos individuales instalados en cada mesa de votación sin perjuicio del uso de medios electrónicos o informáticos. En las elecciones de candidatos podrán emplearse tarjetas electorales numeradas e impresas en papel que ofrezca seguridad, las cuales serán distribuidas oficialmente. La Organización Electoral suministrará igualitariamente a los votantes instrumentos en los cuales deben aparecer identificados con claridad y en iguales condiciones los movimientos y partidos políticos con personería jurídica y los candidatos. La ley podrá implantar mecanismos de votación que otorguen más y mejores garantías para el libre ejercicio de este derecho de los ciudadanos.

Parágrafo 1.º Deberá repetirse por una sola vez la votación para elegir miembros de una corporación pública, gobernador, alcalde o la primera vuelta en las elecciones presidenciales, cuando los votos en blanco constituyan mayoría absoluta en relación con los votos válidos. Tratándose de elecciones unipersonales no podrán presentarse los mismos candidatos, mientras que en las de corporaciones públicas no se podrán presentar a las nuevas elecciones las listas que no hayan alcanzado el umbral.

Parágrafo 2.º Se podrá implementar el voto electrónico para lograr agilidad y transparencia en todas las votaciones.

(**Artículo** modificado por Acto Legislativo Número 1 de 2003.)

Artículo 259. Quienes elijan gobernadores y alcaldes, imponen por mandato al elegido el programa que presentó al inscribirse como candidato. La ley reglamentará el ejercicio del voto programático.

Artículo 260. Los ciudadanos eligen en forma directa Presidente y Vicepresidente de la República, Senadores, Representantes, Gobernadores, Diputados, Alcaldes, Concejales municipales y distritales, miembros de las juntas administradoras locales, y en su oportunidad, los miembros de la Asamblea Constituyente y las demás autoridades o funcionarios que la Constitución señale.

Artículo 261. Derogado

(Derogado por Ley 796 de 2003.)

Artículo 262. La elección del Presidente y Vicepresidente no podrá coincidir con otra elección. La de Congreso se hará en fecha separada de la elección de autoridades departamentales y municipales.

Artículo 263. Para todos los procesos de elección popular, los partidos y movimientos políticos presentarán listas y candidatos únicos, cuyo número de integrantes no podrá exceder el de curules o cargos a proveer en las respectiva elección.

Para garantizar la equitativa representación de los partidos y movimientos políticos y grupos significativos de ciudadanos, las curules de las corporaciones públicas se distribuirán mediante el sistema de cifra repartidora entre las listas de candidatos que superen un mínimo de votos que no podrá ser inferior al dos por ciento (2 %) de los sufragados para Senado de la República o al cincuenta por ciento (50 %) del cuociente electoral en el caso de las demás corporaciones, conforme lo establezca la Constitución y la Ley.

Cuando ninguna de las listas de aspirantes supere el umbral, las curules se distribuirán de acuerdo con el sistema de cifra repartidora.

La Ley reglamentará los demás efectos de esta materia.

Parágrafo transitorio. Sin perjuicio del ejercicio de las competencias propias del Congreso de la República, para las elecciones de las autoridades de las entidades territoriales que sigan a la entrada en vigencia del presente acto legislativo, facúltese al Consejo Nacional Electoral para que dentro del mes siguiente a su promulgación se ocupe de regular el tema.

En las circunscripciones electorales donde se elijan dos (2) curules se aplicará el sistema del cuociente electoral, con sujeción a un umbral del treinta por ciento (30 %), del cociente electoral.

(**Artículo** modificado por Acto Legislativo Número 1 de 2003.)

Artículo 263-A. La adjudicación de curules entre los miembros de la respectiva corporación se hará por el sistema de cifra repartidora. Esta resulta de dividir sucesivamente por uno, dos, tres o más el número de votos obtenidos por cada lista, ordenando los resultados en forma decreciente hasta que se obtenga un número total de resultados igual al número de curules a proveer.

El resultado menor se llamará cifra repartidora. Cada lista obtendrá tantas curules como veces esté contenida la cifra repartidora en el total de sus votos.

Cada partido o movimiento político podrá optar por el mecanismo de voto preferente. En tal caso, el elector podrá señalar el candidato de su preferencia entre los nombres de la lista que aparezcan en la tarjeta electoral. La lista se reordenará de acuerdo con la cantidad de votos obtenidos por cada uno de los candidatos. La asignación de curules entre los miembros de la respectiva lista se hará en orden descendente empezando por el candidato que haya obtenido el mayor número de votos preferentes.

En el caso de los partidos y movimientos políticos que hayan optado por el mecanismo del voto preferente, los votos por el partido o movimiento que no hayan sido atribuidos por el elector a ningún candidato en particular, se contabilizarán a favor de la respectiva lista para efectos de la aplicación de las normas sobre el umbral y la cifra repartidora, pero no se computarán para la reordenación de la lista. Cuando el elector vote simultáneamente por el partido o movimiento político y por el candidato de su preferencia dentro de la respectiva lista, el voto será válido y se computará a favor del candidato.

(Adicionado por Acto Legislativo Número 1 de 2003.)

Capítulo II. De las autoridades electorales

Artículo 264. El Consejo Nacional Electoral se compondrá de nueve (9) miembros elegidos por el Congreso de la República en pleno, para un período institucional de cuatro (4) años, mediante el Sistema de Cifra Repartidora, previa postulación de los partidos o movimientos políticos con personería jurídica o por coaliciones entre ellos. Sus miembros serán servidores públicos de dedicación exclusiva, tendrán las mismas calidades, inhabilidades, incompatibilidades y derechos de los magistrados de la Corte Suprema de Justicia y podrán ser reelegidos por una sola vez.

Parágrafo. La jurisdicción contencioso administrativa decidirá la acción de nulidad electoral en el término máximo de un (1) año.

En los casos de única instancia, según la ley, el término para decidir no podrá exceder de seis (6) meses.

(Adicionado por Acto Legislativo Número 1 de 2003.)

Artículo 265. Derogado.

(Derogado por Decreto 99 de 2003.)

Artículo 266. El Registrador Nacional del Estado Civil será escogido por los Presidentes de la Corte Constitucional, la Corte Suprema de Justicia y el Consejo de Estado, mediante concurso de méritos organizado según la ley. Su período será de cuatro (4) años, deberá reunir las mismas calidades que exige la Constitución Política para ser Magistrado de la Corte Suprema de Justicia y no haber ejercido funciones en cargos directivos en partidos o movimientos políticos dentro del año inmediatamente anterior a su elección. Podrá ser reelegido por una sola vez y ejercerá las funciones que establezca la ley, incluida la dirección y organización de las elecciones, el registro civil y la identificación de las personas, así como la de celebrar contratos en nombre de la Nación, en los casos que aquella disponga.

La Registraduría Nacional estará conformada por servidores públicos que pertenezcan a una carrera administrativa especial a la cual se ingresará exclusivamente por concurso de méritos y que preverá el retiro flexible de conformidad con las necesidades del servicio. En todo caso, los cargos de responsabilidad administrativa o electoral serán de libre remoción, de conformidad con la ley.

Parágrafo transitorio. El período de los actuales miembros del Consejo Nacional Electoral y Registrador Nacional del Estado Civil irá hasta el año 2006. La siguiente elección de unos y otro se hará de conformidad con lo dispuesto en el presente Acto Legislativo.

(Adicionado por Acto Legislativo Número 1 de 2003.)

Título X. De los organismos de control

Capítulo I. De la Contraloría General de la República

Artículo 267. El control fiscal es una función pública que ejercerá la Contraloría General de la República, la cual vigila la gestión fiscal de la administración y de los particulares o entidades que manejen fondos o bienes de la Nación.

Dicho control se ejercerá en forma posterior y selectiva conforme a los procedimientos, sistemas y principios que establezca la ley. Esta podrá, sin embargo, autorizar que, en casos especiales, la vigilancia se realice por empresas privadas colombianas escogidas por concurso público de méritos, y contratadas previo concepto del Consejo de Estado.

La vigilancia de la gestión fiscal del Estado incluye el ejercicio de un control financiero, de gestión y de resultados, fundado en la eficiencia, la economía, la equidad y la valoración de los costos ambientales. En los casos excepcionales, previstos por la ley, la Contraloría podrá ejercer control posterior sobre cuentas de cualquier entidad territorial.

La Contraloría es una entidad de carácter técnico con autonomía administrativa y presupuestal. No tendrá funciones administrativas distintas de las inherentes a su propia organización.

El Contralor General de la República será elegido por el Congreso de la República, en el primer mes de sus sesiones, de terna elaborada mediante concurso de méritos que organicen para el efecto los presidentes de la Corte Suprema de Justicia, el Consejo de Estado y la Corte Constitucional, para un período institucional de cuatro años, con el voto favorable de la mayoría absoluta de sus miembros. El Contralor no pertenecerá al mismo partido o movimiento político o coalición del Presidente y no podrá ser reelegido. Si el partido o movimiento político al cual pertenezca el Contralor entrara a hacer parte del Gobierno, el elegido cesará en sus funciones y se procederá a una nueva elección. Quien haya ejercido en propiedad este cargo no podrá desempeñar empleo público alguno del orden nacional o departamental, salvo la docencia, ni aspirar a cargos de elección popular sino un año después del vencimiento del período para el cual fue elegido.

Solo el Congreso puede admitir las renuncias que presente el Contralor y proveer las vacantes definitivas del cargo; las faltas temporales serán provistas por el Consejo de Estado.

Para ser elegido Contralor General de la República se requiere ser colombiano de nacimiento y en ejercicio de la ciudadanía; tener más de 35 años de edad; tener título universitario; o haber sido profesor universitario durante un tiempo no menor de cinco años; y acreditar las calidades adicionales que exija la ley.

No podrá se elegido Contralor General de la República quien dentro del año anterior a su elección haya contratado por sí o por interpuesta persona con entidades del orden nacional o territorial, quien sea o haya sido dentro de los cuatro años anteriores a la elección, miembro del Congreso u ocupado cargo público alguno del orden nacional, salvo la docencia. Tampoco podrá ser elegido quien haya sido condenado a pena de prisión por delitos comunes. Cuando se produzca falta absoluta del Contralor General de la República, será elegido uno nuevo que ejercerá las funciones hasta terminar el período institucional de aquél al que reemplaza.

En ningún caso podrán intervenir en la postulación o elección del Contralor personas que se hallen dentro del cuarto grado de consanguinidad, segundo de afinidad y primero civil o legal respecto de los candidatos.

Parágrafo. En el evento que ninguna de las personas ternadas obtenga la mayoría absoluta, la Mesa Directiva convocará dentro de la semana siguiente y se procederá a una nueva elección entre los candidatos que hubiesen obtenido las mayorías.

(Modificado por Decreto 99 de 2003-modificación incisos 5 y 8.)

Artículo 268. El Contralor General de la República tendrá las siguientes atribuciones:

1. Prescribir los métodos y la forma de rendir cuentas los responsables del manejo de fondos o bienes de la Nación e indicar los criterios de evaluación financiera, operativa y de resultados que deberán seguirse.
2. Revisar y fenecer las cuentas que deben llevar los responsables del erario y determinar el grado de eficiencia, eficacia y economía con que hayan obrado.
3. Llevar un registro de la deuda pública de la Nación y de las entidades territoriales.

4. Exigir informes sobre su gestión fiscal a los empleados oficiales de cualquier orden y a toda persona o entidad pública o privada que administre fondos o bienes de la Nación.

5. Establecer la responsabilidad que se derive de la gestión fiscal, imponer las sanciones pecuniarias que sean del caso, recaudar su monto y ejercer la jurisdicción coactiva sobre los alcances deducidos de la misma.

6. Conceptuar sobre la calidad y eficiencia del control fiscal interno de las entidades y organismos del Estado.

7. Presentar al Congreso de la República un informe anual sobre el estado de los recursos naturales y del ambiente.

8. Promover ante las autoridades competentes, aportando las pruebas respectivas, investigaciones penales o disciplinarias contra quienes hayan causado perjuicio a los intereses patrimoniales del Estado. La Contraloría, bajo su responsabilidad, podrá exigir, verdad sabida y buena fe guardada, la suspensión inmediata de funcionarios mientras culminan las investigaciones o los respectivos procesos penales o disciplinarios.

9. Presentar proyectos de ley relativos al régimen del control fiscal y a la organización y funcionamiento de la Contraloría General.

10. Proveer mediante concurso público los empleos de su dependencia que haya creado la ley. Esta determinará un régimen especial de carrera administrativa para la selección, promoción y retiro de los funcionarios de la Contraloría. Se prohíbe a quienes formen parte de las corporaciones que intervienen en la postulación y elección del Contralor, dar recomendaciones personales y políticas para empleos en su despacho.

11. Presentar informes al Congreso y al Presidente de la República sobre el cumplimiento de sus funciones y cer-

tificación sobre la situación de las finanzas del Estado, de acuerdo con la ley.

12. Dictar normas generales para armonizar los sistemas de control fiscal de todas las entidades públicas del orden nacional y territorial.

13. Las demás que señale la ley.

Presentar a la Cámara de Representantes la Cuenta General de Presupuesto y del Tesoro y certificar el balance de la Hacienda presentado al Congreso por el Contador General.

Artículo 269. En las entidades públicas, las autoridades correspondientes están obligadas a diseñar y aplicar, según la naturaleza de sus funciones, métodos y procedimientos de control interno, de conformidad con lo que disponga la ley, la cual podrá establecer excepciones y autorizar la contratación de dichos servicios con empresas privadas colombianas.

Artículo 270. La ley organizará las formas y los sistemas de participación ciudadana que permitan vigilar la gestión pública que se cumpla en los diversos niveles administrativos y sus resultados.

Artículo 271. Los resultados de las indagaciones preliminares adelantadas por la Contraloría tendrán valor probatorio ante la Fiscalía General de la Nación y el juez competente.

Artículo 272. El control de la Gestión Fiscal de las entidades del orden territorial será ejercido, con austeridad y eficiencia, por la Contraloría General de la República, para lo cual podrá apoyarse en el auxilio técnico de fundaciones, corporaciones, universidades, instituciones de economía solidaria, o empresas privadas escogidas en audiencia pública, celebrada previo concurso de méritos. Las decisiones administrativas serán de competencia privativa de la Contraloría.

Las Contralorías departamentales, distritales y municipales, hoy existentes, quedarán suprimidas cuando el Contralor General de la República determine que está en condiciones de asumir totalmente sus funciones, lo cual deberá suceder a más tardar el 31 de diciembre de 2003. En el proceso de transición se respetará el periodo de los contralores actuales. Los funcionarios de la Contraloría General de la República, que se designen para desempeñar estos cargos, serán escogidos mediante concurso de méritos y deberán ser oriundos del departamento respectivo.

(Modificado por Ley 796 de 2003.)

Artículo 273. A solicitud de cualquiera de los proponentes, el Contralor General de la República y demás autoridades de control fiscal competentes, ordenarán que el acto de adjudicación de una licitación tenga lugar en audiencia pública.

Los casos en que se aplique el mecanismo de audiencia pública, la manera como se efectuará la evaluación de las propuestas y las condiciones bajo las cuales se realizará aquella, serán señalados por la ley.

Artículo 274. La vigilancia de la Gestión Fiscal de la Contraloría General de la República se ejercerá por un auditor elegido por el Consejo de Estado, de terna enviada por la Corte Suprema de Justicia, para período institucional de cuatro (4) años, no reelegible para el período inmediatamente siguiente.

La ley determinará la manera de ejercer dicha vigilancia a nivel departamental, distrital y municipal. Igualmente fijará las funciones, calidades, inhabilidades, incompatibilidades, prohibiciones, faltas absolutas y temporales y la forma de llenar la vacancia del Auditor, en caso de presentarse.

Cada año el Auditor General presentará a los congresistas, a la Corte Suprema de Justicia y al Consejo de Estado, los informes sobre el ejercicio de su Gestión Fiscal y en desarrollo de lo anterior, anualmente rendirá la cuenta de dicha gestión para ante el Consejo de Estado, el cual como órgano parte de la vigilancia de la gestión fiscal aquí asignada, la revisará y dictaminará sobre su fenecimiento.

(Modificado por Decreto 99 de 2003.)

Capítulo II. Del Ministerio Público

Artículo 275. El Procurador General de la Nación es el supremo director del Ministerio Público.

Artículo 276. El Procurador General de la Nación ser á elegido por el Senado en el primer mes de sus sesiones, para un período institucional de cuatro años, de terna integrada por candidatos de la Corte Constitucional, la Corte Suprema de Justicia y el Consejo de Estado con el voto favorable de la mayoría absoluta de sus miembros.

No pertenecerá al mismo partido, movimiento político o coalición del Presidente de la República y no podrá ser reelegido. Si el partido o movimiento político al cual pertenezca el Procurador entrará a hacer parte del Gobierno, el elegido cesará en sus funciones y se procederá a una nueva elección.

Quien haya ejercido en propiedad este cargo no podrá desempeñar empleo público alguno del orden nacional o departamental, salvo la docencia, ni aspirar a cargos de elección popular sino un año después de haber cesado en sus funciones.

Cuando se produzca falta absoluta del Procurador General de la Nación, será elegido uno nuevo que ejercerá las funciones hasta terminar el período institucional de aquel al que reemplaza.

Parágrafo. En el evento que ninguna de las personas ternadas obtenga la mayoría absoluta, la Mesa Directiva convocará dentro de la semana siguiente y se procederá a una nueva elección entre los candidatos que hubiesen obtenido las mayorías.

Parágrafo transitorio. Para igualar los períodos el Senado elegirá el próximo Procurador para el tiempo comprendido entre la terminación del período institucional actual y la posesión del nuevo Senado en el año 2006.

(Modificado por Decreto 99 de 2003.)

Artículo 277. El Procurador General de la Nación, por sí o por medio de sus delegados y agentes, tendrá las siguientes funciones:

1. Vigilar el cumplimiento de la Constitución, las leyes, las decisiones judiciales y los actos administrativos.

2. Proteger los derechos humanos y asegurar su efectividad, con el auxilio del Defensor del Pueblo.

3. Defender los intereses de la sociedad.

4. Defender los intereses colectivos, en especial el ambiente.

5. Velar por el ejercicio diligente y eficiente de las funciones administrativas.

6. Ejercer vigilancia superior de la conducta oficial de quienes desempeñen funciones públicas, inclusive las de elección popular; ejercer preferentemente el poder disciplinario; adelantar las investigaciones correspondientes, e imponer las respectivas sanciones conforme a la ley.

7. Intervenir en los procesos y ante las autoridades judiciales o administrativas, cuando sea necesario en defensa del orden jurídico, del patrimonio público, o de los derechos y garantías fundamentales.

8. Rendir anualmente informe de su gestión al Congreso.

9. Exigir a los funcionarios públicos y a los particulares la información que considere necesaria.

10. Las demás que determine la ley.

Para el cumplimiento de sus funciones la Procuraduría tendrá atribuciones de policía judicial, y podrá interponer las acciones que considere necesarias.

Artículo 278. El Procurador General de la Nación ejercerá directamente las siguientes funciones:

1. Desvincular del cargo, previa audiencia y mediante decisión motivada, al funcionario público que incurra en alguna de las siguientes faltas: infringir de manera manifiesta la Constitución o la ley; derivar evidente e indebido provecho patrimonial en el ejercicio de su cargo o de sus funciones;

obstaculizar, en forma grave, las investigaciones que realice la Procuraduría o una autoridad administrativa o jurisdiccional; obrar con manifiesta negligencia en la investigación y sanción de las faltas disciplinarias de los empleados de su dependencia, o en la denuncia de los hechos punibles de que tenga conocimiento en razón del ejercicio de su cargo.

2. Emitir conceptos en los procesos disciplinarios que se adelanten contra funcionarios sometidos a fuero especial.

3. Presentar proyectos de ley sobre materias relativas a su competencia.

4. Exhortar al Congreso para que expida las leyes que aseguren la promoción, el ejercicio y la protección de los derechos humanos, y exigir su cumplimiento a las autoridades competentes.

5. Rendir concepto en los procesos de control de constitucionalidad.

6. Nombrar y remover, de conformidad con la ley, los funcionarios y empleados de su dependencia.

Artículo 279. La ley determinará lo relativo a la estructura y al funcionamiento de la Procuraduría General de la Nación, regulará lo atinente al ingreso y concurso de méritos y al retiro del servicio, a las inhabilidades, incompatibilidades, denominación, calidades, remuneración y al régimen disciplinario de todos los funcionarios y empleados de dicho organismo.

Artículo 280. Los agentes del Ministerio Público tendrán las mismas calidades, categoría, remuneración, derechos y prestaciones de los magistrados y jueces de mayor jerarquía ante quienes ejerzan el cargo.

Artículo 281. El Defensor del Pueblo formará parte del Ministerio Público y ejercerá sus funciones bajo la suprema dirección del Procurador General de la Nación. Será elegido por la Cámara de Representantes en el primer mes de sus sesiones, de terna integrada por candidatos de la Corte Constitucional, la Corte Suprema de Justicia y el Consejo de Estado con el voto favorable de la mayoría absoluta de sus miembros, para un período institucional de cuatro años y no podrá ser reelegido para el período siguiente.

Cuando se produzca falta absoluta del Defensor del Pueblo, será elegido uno nuevo que ejercerá las funciones hasta terminar el período institucional de aquél al que reemplaza.

Parágrafo. En el evento que ninguna de las personas ternadas obtenga la mayoría absoluta, la Mesa Directiva convocará dentro de la semana siguiente y se procederá a una nueva elección entre los candidatos que hubiesen obtenido las mayorías.

(Modificado por Decreto 99 de 2003.)

Artículo 282. El Defensor del Pueblo velará por la promoción, el ejercicio y la divulgación de los derechos humanos, para lo cual ejercerá las siguientes funciones:

1. Orientar e instruir a los habitantes del territorio nacional y a los colombianos en el exterior en el ejercicio y defensa de sus derechos ante las autoridades competentes o entidades de carácter privado.
2. Divulgar los derechos humanos y recomendar las políticas para su enseñanza.

3. Invocar el derecho de Habeas Corpus e interponer las acciones de tutela, sin perjuicio del derecho que asiste a los interesados.

4. Organizar y dirigir la defensoría pública en los términos que señale la ley.

5. Interponer acciones populares en asuntos relacionados con su competencia.

6. Presentar proyectos de ley sobre materias relativas a su competencia.

7. Rendir informes al Congreso sobre el cumplimiento de sus funciones.

8. Las demás que determine la ley.

Artículo 283. La ley determinará lo relativo a la organización y funcionamiento de la Defensoría del Pueblo.

Artículo 284. Salvo las excepciones previstas en la Constitución y la ley, el Procurador General de la Nación y el Defensor del Pueblo podrán requerir de las autoridades las informaciones necesarias para el ejercicio de sus funciones, sin que pueda oponérseles reserva alguna.

Título XI. De la organización territorial

Capítulo I. De las Disposiciones generales

Artículo 285. Fuera de la división general del territorio, habrá las que determine la ley para el cumplimiento de las funciones y servicios a cargo del Estado.

Artículo 286. Son entidades territoriales los departamentos, los distritos, los municipios y los territorios indígenas.

La ley podrá darles el carácter de entidades territoriales a las regiones y provincias que se constituyan en los términos de la Constitución y de la ley.

Artículo 287. Las entidades territoriales gozan de autonomía para la gestión de sus intereses, y dentro de los límites de la Constitución y la ley. En tal virtud tendrán los siguientes derechos:

1. Gobernarse por autoridades propias.
2. Ejercer las competencias que les correspondan.
3. Administrar los recursos y establecer los tributos necesarios para el cumplimiento de sus funciones.
4. Participar en las rentas nacionales.

Artículo 288. La ley orgánica de ordenamiento territorial establecerá la distribución de competencias entre la Nación y las entidades territoriales.

Las competencias atribuidas a los distintos niveles territoriales serán ejercidas conforme a los principios de coordinación, concurrencia y subsidiariedad en los términos que establezca la ley.

Como norma general de competencia entre los niveles de la organización Administrativa, se tendrá que la Nación velará por el ejercicio de las relaciones internacionales y la Defensa Nacional, de la soberanía, la seguridad y la Justicia e invertirá en alta Infraestructura Nacional y normalizará y regulará la prestación de los servicios; los Departamentos velarán por el medio ambiente e invertirán en obras de interés regional, supervisarán y controlarán la prestación de los servicios que hagan los municipios y éstos prestarán los servicios básicos al ciudadano, velarán por la seguridad local y efectuarán inversiones que podrían ser cofinanciadas por la Nación y los Departamentos en la infraestructura básica local.

Los recursos que en la actualidad ejecuta el Gobierno Nacional con destino a competencias de Entidades Territoriales, le seguirán siendo transferidas a ellos en pesos constantes durante el plazo que determine la ley y hasta cuando las entidades territoriales generen con las rentas a ellas asignadas, recursos para sustituir la cofinanciación.

(Modificado por Decreto 99 de 2003.)

Artículo 289. Por mandato de la ley, los departamentos y municipios ubicados en zonas fronterizas podrán adelantar directamente con la entidad territorial limítrofe del país vecino, de igual nivel, programas de cooperación e integración, dirigidos a fomentar el desarrollo comunitario, la prestación de servicios públicos y la preservación del ambiente.

Artículo 290. Con el cumplimiento de los requisitos y formalidades que señale la ley, y en los casos que ésta determine, se realizará el examen periódico de los límites de las entidades territoriales y se publicará el mapa oficial de la República.

Artículo 291. Los miembros de las corporaciones públicas de las entidades territoriales no podrán aceptar cargo alguno en la administración pública, y si lo hicieren perderán su investidura.

Los contralores y personeros solo asistirán a las juntas directivas y consejos de administración que operen en las respectivas entidades territoriales, cuando sean expresamente invitados con fines específicos.

Artículo 292. Los diputados y concejales y sus parientes dentro del grado que señale la ley no podrán formar parte de las juntas directivas de las entidades descentralizadas del respectivo departamento, distrito o municipio.

No podrán ser designados funcionarios de la correspondiente entidad territorial los cónyuges o compañeros permanentes de los diputados y concejales, ni sus parientes en el segundo grado de consanguinidad, primero de afinidad o único civil.

Artículo 293. Sin perjuicio de lo establecido en la Constitución, la ley determinará las calidades, inhabilidades, incompatibilidades, fecha de posesión, períodos de sesiones, faltas absolutas o temporales, causas de destitución y formas de llenar las vacantes de los ciudadanos que sean elegidos por voto popular para el desempeño de funciones públicas en las entidades territoriales. La ley dictará también las demás disposiciones necesarias para su elección y desempeño de funciones.

Artículo 294. La ley no podrá conceder exenciones ni tratamientos preferenciales en relación con los tributos de propiedad de las entidades territoriales. Tampoco podrá imponer recargos sobre sus impuestos salvo lo dispuesto en el **Artículo 317.**

Artículo 295. Las entidades territoriales podrán emitir títulos y bonos de deuda pública, con sujeción a las condiciones del mercado financiero e igualmente contratar crédito externo, todo de conformidad con la ley que regule la materia.

Artículo 296. Para la conservación del orden público o para su restablecimiento donde fuere turbado, los actos y órdenes del Presidente de la República se aplicarán de manera inmediata y de preferencia sobre los de los gobernadores; los actos y órdenes de los gobernadores se aplicarán de igual manera y con los mismos efectos en relación con los de los alcaldes.

Capítulo II. Del régimen departamental

Artículo 297. El Congreso Nacional puede decretar la formación de nuevos Departamentos, siempre que se cumplan los requisitos exigidos en la Ley Orgánica del Ordenamiento Territorial y una vez verificados los procedimientos, estudios y consulta popular dispuestos por esta Constitución.

Artículo 298. Los departamentos tienen autonomía para la administración de los asuntos seccionales y la planificación y promoción del desarrollo económico y social dentro de su territorio en los términos establecidos por la Constitución.

Los departamentos ejercen funciones administrativas, de coordinación, de complementariedad de la acción municipal, de intermediación entre la Nación y los Municipios y de prestación de los servicios que determinen la Constitución y las leyes.

La ley reglamentará lo relacionado con el ejercicio de las atribuciones que la Constitución les otorga.

Artículo 299. En cada departamento habrá una corporación administrativa de elección popular que ejercerá el control político sobre los actos del gobernador, secretarios de despacho, gerente y directores de institutos descentralizados y que se denominará asamblea departamental, la cual estará integrada por siete (7) miembros, en los nuevos departamentos, creados en la Constitución de 1991, y en los demás departamentos por no menos de once (11) ni más de veinticinco (25) miembros.

La Organización Nacional Electoral, establecerá, dentro de los límites de cada departamento, con base en su población, círculos para la elección de diputados, de conformidad con lo que determine la Ley Orgánica de Ordenamiento Territorial. El régimen de inhabilidades e incompatibilidades de los diputados será fijado por la ley, el cual no podrá ser menos estricto que el señalado para los congresistas en lo que corresponda. El período de los diputados será de cuatro (4) años y tendrán la calidad de Servidores Públicos.

Para ser elegido diputado se requiere ser ciudadano en ejercicio, tener más de veintiún (21) años, no haber sido condenado a pena privativa de la libertad, con excepción de los delitos políticos o culposos y haber residido en la respectiva circunscripción electoral, durante el año inmediatamente anterior a la fecha de elección.

Parágrafo. Los diputados podrán ejercer la moción de censura que será, reglamentada por la ley.

(Modificado por Acto legislativo 1/1996 y 2/2003.)

Artículo 300. Corresponde a las Asambleas Departamentales, por medio de ordenanzas:

1. Reglamentar el ejercicio de las funciones y la prestación de los servicios a cargo del Departamento.
2. Expedir las disposiciones relacionadas con la planeación, el desarrollo económico y social, el apoyo financiero y crediticio a los municipios, el turismo, el transporte, el ambiente, las obras públicas, las vías de comunicación y el desarrollo de sus zonas de frontera.
3. Adoptar de acuerdo con la Ley los planes y programas de desarrollo económico y social y los de obras públicas, con la determinación de las inversiones y medidas que se consideren necesarias para impulsar su ejecución y asegurar su cumplimiento.
4. Decretar, de conformidad con la Ley, los tributos y contribuciones necesarios para el cumplimiento de las funciones departamentales.

5. Expedir las normas orgánicas del presupuesto departamental y el presupuesto anual de rentas y gastos.

6. Con sujeción a los requisitos que señale la Ley, crear y suprimir municipios, segregar y agregar territorios municipales, y organizar provincias.

7. Determinar la estructura de la Administración Departamental, las funciones de sus dependencias, las escalas de remuneración correspondientes a sus distintas categorías de empleo; crear los establecimientos públicos y las empresas industriales o comerciales del departamento y autorizar la formación de sociedades de economía mixta.

8. Dictar normas de policía en todo aquello que no sea materia de disposición legal.

9. Autorizar al gobernador del departamento para celebrar contratos, negociar empréstitos y enajenar bienes.

10. Regular, en concurrencia con el municipio, el deporte, la educación y la salud en los términos que determina la Ley.

11. Solicitar informes sobre el ejercicio de sus funciones al Contralor General del Departamento, Secretario de Gabinete, Jefes de Departamentos Administrativos y Directores de Institutos Descentralizados del orden Departamental.

12. Cumplir las demás funciones que le asignen la Constitución y la Ley.

Los planes y programas de desarrollo de obras públicas, serán coordinados e integrados con los planes y programas municipales, regionales y nacionales.

Las ordenanzas a que se refieren los numerales 3, 5 y 7 de este **Artículo**, las que decretan inversiones, participaciones o cesiones de rentas y bienes departamentales y las que creen servicios a cargo del Departamento o los traspasen a él, solo podrán ser dictadas o reformadas a iniciativa del Gobernador.

(Modificado por Acto legislativo 1/1996 y 2/2003-modificación numeral 9.)

Artículo 301. La ley señalará los casos en los cuales las asambleas podrán delegar en los concejos municipales las funciones que ella misma determine. En cualquier momento, las asambleas podrán reasumir el ejercicio de las funciones delegadas.

Artículo 302. La ley podrá establecer para uno o varios Departamentos diversas capacidades y competencias de gestión administrativa y fiscal distintas a las señaladas para ellos en la Constitución, en atención a la necesidad de mejorar la administración o la prestación de los servicios públicos de acuerdo con su población, recursos económicos y naturales y circunstancias sociales, culturales y ecológicas.

En desarrollo de lo anterior, la ley podrá delegar, a uno o varios Departamentos, atribuciones propias de los organismos o entidades públicas nacionales.

Artículo 303. En cada uno de los departamentos habrá un Gobernador que será jefe de la administración seccional y representante legal del departamento; el gobernador será agente del Presidente de la República para el mantenimiento del orden público y para la ejecución de la política económica general, así como para aquellos asuntos que mediante convenios la Nación acuerde con el departamento. Los gobernadores serán elegidos popularmente para períodos institucionales de cuatro (4) años y no podrán ser reelegidos para el período siguiente.

La ley fijará las calidades, requisitos, inhabilidades e incompatibilidades de los gobernadores; reglamentará su elección; determinará sus faltas absolutas y temporales; y la forma de llenar estas últimas y dictará las demás disposiciones necesarias para el normal desempeño de sus cargos.

Siempre que se presente falta absoluta a más de dieciocho (18) meses de la terminación del período, se elegirá gobernador para el tiempo que reste. En caso de que faltare menos de dieciocho (18) meses, el Presidente de la República designará un Gobernador para lo que reste del período, respetando el partido, grupo político o coalición por el cual fue inscrito el gobernador elegido.

(**Artículo** modificado por Acto Legislativo 2/2002.)

Artículo 304. El Presidente de la República, en los casos taxativamente señalados por la ley, suspenderá o destituirá a los gobernadores.

Su régimen de inhabilidades e incompatibilidades no será menos estricto que el establecido para el Presidente de la República.

Artículo 305. Son atribuciones del gobernador:

1. Cumplir y hacer cumplir la Constitución, las leyes, los decretos del Gobierno y las ordenanzas de las Asambleas Departamentales.

2. Dirigir y coordinar la acción administrativa del departamento y actuar en su nombre como gestor y promotor del desarrollo integral de su territorio, de conformidad con la Constitución y las leyes.

3. Dirigir y coordinar los servicios nacionales en las condiciones de la delegación que le confiera el Presidente de la República.

4. Presentar oportunamente a la asamblea departamental los proyectos de ordenanza sobre planes y programas de desarrollo económico y social, obras públicas y presupuesto anual de rentas y gastos.

5. Nombrar y remover libremente a los gerentes o directores de los establecimientos públicos y de las empresas industriales o comerciales del Departamento. Los representantes del departamento en las juntas directivas de tales organismos y los directores o gerentes de los mismos son agentes del gobernador.

6. Fomentar de acuerdo con los planes y programas generales, las empresas, industrias y actividades convenientes al desarrollo cultural, social y económico del departamento que no correspondan a la Nación y a los municipios.

7. Crear, suprimir y fusionar los empleos de sus dependencias, señalar sus funciones especiales y fijar sus emolumentos con sujeción a la ley y a las ordenanzas respectivas. Con cargo al tesoro departamental no podrá crear obligaciones que excedan al monto global fijado para el respectivo servicio en el presupuesto inicialmente aprobado.

8. Suprimir o fusionar las entidades departamentales de conformidad con las ordenanzas.

9. Objetar por motivos de inconstitucionalidad, ilegalidad o inconveniencia, los proyectos de ordenanza, o sancionarlos y promulgarlos.

10. Revisar los actos de los concejos municipales y de los alcaldes y, por motivos de inconstitucionalidad o ilegalidad, remitirlos al Tribunal competente para que decida sobre su validez.

11. Velar por la exacta recaudación de las rentas departamentales, de las entidades descentralizadas y las que sean objeto de transferencias por la Nación.

12. Convocar a la asamblea departamental a sesiones extraordinarias en las que solo se ocupará de los temas y materias para lo cual fue convocada.

13. Escoger de las ternas enviadas por el jefe Nacional respectivo previo concurso público a cargo de éste los gerentes o jefes seccionales de los establecimientos públicos del orden Nacional que operen en el departamento, de acuerdo con la ley. Estos servidores serán de libre remoción. El cumplimiento de sus funciones, planes y programas de la institución que representan, se desarrollarán en concordancia con los planes y programas de la entidad territorial respectiva.

14. Ejercer las funciones administrativas que le delegue el Presidente de la República.

15. Las demás que le señale la Constitución, las leyes y las ordenanzas.

(Modificado por Decreto 99 de 2003-modificación numeral 13.)

Artículo 306. Dos o más departamentos podrán constituirse en regiones administrativas y de planificación, con personería jurídica, autonomía y patrimonio propio. Su objeto principal será el desarrollo económico y social del respectivo territorio.

El departamento de Cundinamarca, el Distrito Capital de Bogotá, y los municipios contiguos a este podrán asociarse en una región administrativa y de planificación especial cuyo objeto principal será el desarrollo económico y social de la respectiva ciudad-región. Las citadas entidades territoriales conservarán su identidad política y territorial.

(Modificado por Decreto 99 de 2003-adición inciso final.)

Artículo 307. La respectiva ley orgánica, previo concepto de la Comisión de Ordenamiento Territorial, establecerá las condiciones para solicitar la conversión de la Región en entidad territorial. La decisión tomada por el Congreso se someterá en cada caso a referendo de los ciudadanos de los departamentos interesados.

La misma ley establecerá las atribuciones, los órganos de administración, y los recursos de las regiones y su participación en el manejo de los ingresos provenientes del Fondo Nacional de Regalías. Igualmente definirá los principios para la adopción del estatuto especial de cada región.

Artículo 308. La ley podrá limitar las apropiaciones departamentales destinadas a honorarios de los diputados y a gastos de funcionamiento de las asambleas y de las contralorías departamentales.

Artículo 309. Erígense en departamento las Intendencias de Arauca, Casanare, Putumayo, el Archipiélago de San Andrés, Providencia y Santa Catalina, y las Comisarías del Amazonas, Guaviare, Guainía, Vaupés y Vichada. Los bienes y derechos que a cualquier título pertenecían a las intendencias y comisarías continuarán siendo de propiedad de los respectivos departamentos.

Artículo 310. El Departamento Archipiélago de San Andrés, Providencia y Santa Catalina se regirá, además de las normas previstas en la Constitución y las leyes para los otros departamentos, por las normas especiales que en materia administrativa, de inmigración, fiscal, de comercio exterior, de cambios, financiera y de fomento económico establezca el legislador.

Mediante ley aprobada por la mayoría de los miembros de cada cámara se podrá limitar el ejercicio de los derechos de circulación y residencia, establecer controles a la densidad de la población, regular el uso del suelo y someter a condiciones especiales la enajenación de bienes inmuebles con el fin de proteger la identidad cultural de las comunidades nativas y preservar el ambiente y los recursos naturales del Archipiélago.

Mediante la creación de los municipios a que hubiere lugar, la Asamblea Departamental garantizará la expresión institucional de las comunidades raizales de San Andrés. El municipio de Providencia tendrá en las rentas departamentales una participación no inferior del 20 % del valor total de dichas rentas.

Capítulo III. Del régimen municipal

Artículo 311. Al municipio como entidad fundamental de la división político-administrativa del Estado le corresponde prestar los servicios públicos que determine la ley, construir las obras que demande el progreso local, ordenar el desarrollo de su territorio, promover la participación comunitaria, el mejoramiento social y cultural de sus habitantes y cumplir las demás funciones que le asignen la Constitución y las leyes.

Artículo 312. En cada municipio habrá una corporación administrativa elegida popularmente para períodos de cuatro (4) años que se denominará concejo municipal, integrado por no menos de siete, ni más de veintiún miembros según lo determine la ley, de acuerdo con la población respectiva.

La ley determinará las calidades, inhabilidades e incompatibilidades de los concejales y la época de sesiones ordinarias de los concejos. Los concejales no tendrán la calidad de empleados públicos.

La ley podrá determinar los casos en que tengan derecho a honorarios por su asistencia a sesiones.

Su aceptación de cualquier empleo público, constituye falta absoluta.

Inciso primero modificado por Acto Legislativo 2/2002.

Artículo 313. Corresponde a los concejos:

1. Reglamentar las funciones y la eficiente prestación de los servicios a cargo del municipio.
2. Adoptar los correspondientes planes y programas de desarrollo económico y social y de obras públicas.
3. Autorizar al Alcalde para celebrar contratos.

4. Votar de conformidad con la Constitución y la ley los tributos y los gastos locales.

5. Dictar las normas orgánicas del presupuesto y expedir anualmente el presupuesto de rentas y gastos.

6. Determinar la estructura de la administración municipal y las funciones de sus dependencias; las escalas de remuneración correspondientes a las distintas categorías de empleos; crear, a iniciativa del alcalde, establecimientos públicos y empresas industriales o comerciales y autorizar la Constitución de sociedades de economía mixta.

7. Reglamentar los usos del suelo y, dentro de los límites que fije la ley, vigilar y controlar las actividades relacionadas con la construcción y enajenación de inmuebles destinados a vivienda.

8. Elegir Personero para el período que fije la ley y los demás funcionarios que ésta determine.

9. Dictar las normas necesarias para el control, la preservación y defensa del patrimonio ecológico y cultural del municipio.

10. Las demás que la Constitución y la ley le asignen.

11. Ejercer control político sobre la administración municipal. La ley reglamentará la materia.

(Modificado por Decreto 99 de 2003-modificación numeral 3 y adición numeral 11.)

Artículo 314. En cada municipio habrá un alcalde, jefe de la administración local y representante legal del municipio, que será elegido popularmente para períodos institucionales de cuatro (4) años, y no podrá ser reelegido para el período siguiente.

Siempre que se presente falta absoluta a más de dieciocho (18) meses de la terminación del período, se elegirá alcalde para el tiempo que reste. En caso de que faltare menos de dieciocho (18) meses, el gobernador designará un alcalde para lo que reste del período, respetando el partido, grupo político o coalición por el cual fue inscrito el alcalde elegido.

El presidente y los gobernadores, en los casos taxativamente señalados por la ley, suspenderán o destituirán a los alcaldes.

La ley establecerá las sanciones a que hubiere lugar por el ejercicio indebido de esta atribución.

(**Artículo** modificado por Acto Legislativo 2/2002.)

Artículo 315. Son atribuciones del alcalde:

1. Cumplir y hacer cumplir la Constitución, la ley, los decretos del gobierno, las ordenanzas, y los acuerdos del concejo.
2. Conservar el orden público en el municipio, de conformidad con la ley y las instrucciones y órdenes que reciba del Presidente de la República y del respectivo gobernador. El alcalde es la primera autoridad de policía del municipio. La Policía Nacional cumplirá con prontitud y diligencia las órdenes que le imparta el alcalde por conducto del respectivo comandante.
3. Dirigir la acción administrativa del municipio; asegurar el cumplimiento de las funciones y la prestación de los servicios a su cargo; representarlo judicial y extrajudicialmente; y nombrar y remover a los funcionarios bajo su dependencia y a los gerentes o directores de los establecimientos públicos

y las empresas industriales o comerciales de carácter local, de acuerdo con las disposiciones pertinentes.

4. Suprimir o fusionar entidades y dependencias municipales, de conformidad con los acuerdos respectivos.

5. Presentar oportunamente al Concejo los proyectos de acuerdo sobre planes y programas de desarrollo económico y social, obras públicas, presupuesto anual de rentas y gastos y los demás que estime convenientes para la buena marcha del municipio.

6. Sancionar y promulgar los acuerdos que hubiere aprobado el Concejo y objetar los que considere inconvenientes o contrarios al ordenamiento jurídico.

7. Crear, suprimir o fusionar los empleos de sus dependencias, señalarles funciones especiales y fijar sus emolumentos con arreglo a los acuerdos correspondientes. No podrá crear obligaciones que excedan el monto global fijado para gastos de personal en el presupuesto inicialmente aprobado.

8. Colaborar con el Concejo para el buen desempeño de sus funciones, presentarle informes generales sobre su administración y convocarlo a sesiones extraordinarias, en las que solo se ocupará de los temas y materias para los cuales fue citado.

9. Ordenar los gastos municipales de acuerdo con el plan de inversión y el presupuesto.

10. Las demás que la Constitución y la ley le señalen.

Artículo 316. En las votaciones que se realicen para la elección de autoridades locales y para la decisión de asuntos del mismo carácter, solo podrán participar los ciudadanos residentes en el respectivo municipio.

Artículo 317. Solo los municipios podrán gravar la propiedad inmueble. Lo anterior no obsta para que otras entidades impongan contribución de valorización.

La ley destinará un porcentaje de estos tributos, que no podrá exceder del promedio de las sobretasas existentes, a las entidades encargadas del manejo y conservación del ambiente y de los recursos naturales renovables, de acuerdo con los planes de desarrollo de los municipios del área de su jurisdicción.

Artículo 318. Con el fin de mejorar la prestación de los servicios y asegurar la participación de la ciudadanía en el manejo de los asuntos públicos de carácter local, los concejos podrán dividir sus municipios en comunas cuando se trate de áreas urbanas, y en corregimientos en el caso de las zonas rurales.

En cada una de las comunas o corregimientos habrá una junta administradora local de elección popular, integrada por el número de miembros que determine la ley, que tendrá las siguientes funciones :

1. Participar en la elaboración de los planes y programas municipales de desarrollo económico y social y de obras públicas.
2. Vigilar y controlar la prestación de los servicios municipales en su comuna o corregimiento y las inversiones que se realicen con recursos públicos.
3. Formular propuestas de inversión ante las autoridades nacionales, departamentales y municipales encargadas de la elaboración de los respectivos planes de inversión.

4. Distribuir las partidas globales que les asigne el presupuesto municipal.

5. Ejercer las funciones que les deleguen el concejo y otras autoridades locales. Las asambleas departamentales podrán organizar juntas administradoras para el cumplimiento de las funciones que les señale el acto de su creación en el territorio que este mismo determine.

Artículo 319. Cuando dos o más municipios tengan relaciones económicas, sociales y físicas, que den al conjunto características de un área metropolitana, podrán organizarse como entidad administrativa encargada de programar y coordinar el desarrollo armónico e integrado del territorio colocado bajo su autoridad; racionalizar la prestación de los servicios públicos a cargo de quienes la integran y, si es el caso, prestar en común algunos de ellos; y ejecutar obras de interés metropolitano.

La ley de ordenamiento territorial adoptará para las áreas metropolitanas un régimen administrativo y fiscal de carácter especial; garantizará que en sus órganos de administración tengan adecuada participación las respectivas autoridades municipales; y señalará la forma de convocar y realizar las consultas populares que decidan la vinculación de los municipios.

Cumplida la consulta popular, los respectivos alcaldes y los concejos municipales protocolizarán la conformación del área y definirán sus atribuciones, financiación y autoridades, de acuerdo con la ley.

Las áreas metropolitanas podrán convertirse en Distritos conforme a la ley.

Artículo 320. La ley podrá establecer categorías de municipios de acuerdo con su población, recursos fiscales, importancia económica y situación geográfica, y señalar distinto régimen para su organización, gobierno y administración.

Artículo 321. Las provincias se constituyen con municipios o territorios indígenas circunvecinos, pertenecientes a un mismo departamento.

La ley dictará el estatuto básico y fijará el régimen administrativo de las provincias que podrán organizarse para el cumplimiento de las funciones que les deleguen entidades nacionales o departamentales y que les asignen la ley y los municipios que las integran.

Las provincias serán creadas por ordenanza, a iniciativa del gobernador, de los alcaldes de los respectivos municipios o del número de ciudadanos que determine la ley.

Para el ingreso a una provincia ya constituida deberá realizarse una consulta popular en los municipios interesados.

El departamento y los municipios aportarán a las provincias el porcentaje de sus ingresos corrientes que determinen la asamblea y los concejos respectivos.

Capítulo IV. Del régimen especial

Artículo 322. Bogotá, Capital de la República y del departamento de Cundinamarca, se organiza como Distrito Capital.

Su régimen político, fiscal y administrativo será el que determinen la Constitución, las leyes especiales que para el mismo se dicten y las disposiciones vigentes para los municipios.

Con base en las normas generales que establezca la ley, el concejo a iniciativa del alcalde, dividirá el territorio distrital en localidades, de acuerdo con las características sociales de sus habitantes, y hará el correspondiente reparto de competencias y funciones administrativas.

A las autoridades distritales corresponderá garantizar el desarrollo armónico e integrado de la ciudad y la eficiente prestación de los servicios a cargo del Distrito; a las locales, la gestión de los asuntos propios de su territorio.

(**Artículo** modificado por Acto Legislativo Número 1 de 2000.)

Artículo 323. El Concejo Distrital se compondrá de 41 concejales.

En cada una de las localidades habrá una junta administradora elegida popularmente para períodos de cuatro (4) años que estará integrada por no menos de siete ediles, según lo determine el concejo distrital, atendida la población respectiva.

La elección de Alcalde Mayor, de concejales distritales y de ediles se hará en un mismo día por períodos de cuatro (4) años y el alcalde no podrá ser reelegido para el período siguiente.

Siempre que se presente falta absoluta a más de dieciocho (18) meses de la terminación del período, se elegirá alcalde mayor para el tiempo que reste. En caso de que faltare menos de dieciocho (18) meses, el Presidente de la República designará alcalde mayor para lo que reste del período, respetando el partido, grupo político o coalición por el cual fue inscrito el alcalde elegido.

Los alcaldes locales serán designados por el alcalde mayor de terna enviada por la correspondiente junta administradora.

En los casos taxativamente señalados por la ley, el Presidente de la República suspenderá o destituirá al alcalde mayor.

Los concejales y los ediles no podrán hacer parte de las juntas directivas de las entidades descentralizadas.

(**Artículo** modificado por Decreto 99 de 2003-modificación inciso 1 / **Artículo** modificado por Acto Legislativo 2/2002.)

Artículo 324. Las juntas administradoras locales distribuirán y apropiarán las partidas globales que en el presupuesto anual del Distrito se asignen a las localidades teniendo en cuenta las necesidades básicas insatisfechas de su población.

Sobre las rentas departamentales que se causen en Santa Fe de Bogotá, la ley determinará la participación que le corresponda a la capital de la República. Tal participación no podrá ser superior a la establecida en la fecha de vigencia de esta Constitución.

Artículo 325. Con el fin de garantizar la ejecución de planes y programas de desarrollo integral y la prestación oportuna y eficiente de los servicios a su cargo, dentro de las condiciones que fijen la Constitución y la ley, el Distrito Capital podrá conformar un área metropolitana con los municipios circunvecinos y una región con otras entidades territoriales de carácter departamental.

Artículo 326. Los municipios circunvecinos podrán incorporarse al Distrito Capital si así lo determinan los ciudadanos que residan en ellos mediante votación que tendrá lugar cuando el concejo distrital haya manifestado su acuerdo con esta vinculación. Si ésta ocurre, al antiguo municipio se le aplicarán las normas constitucionales y legales vigentes para las demás localidades que conformen el Distrito Capital.

Artículo 327. En las elecciones de Gobernador y de diputados a la Asamblea Departamental de Cundinamarca no participarán los ciudadanos inscritos en el censo electoral del Distrito Capital.

Artículo 328. El Distrito Turístico y Cultural de Cartagena de Indias y el Distrito Turístico, Cultural e Histórico de Santa Marta conservarán su régimen y carácter.

Artículo 329. La conformación de las entidades territoriales indígenas se hará con sujeción a lo dispuesto en la Ley Orgánica de Ordenamiento Territorial, y su delimitación se hará por el Gobierno Nacional, con participación de los representantes de las comunidades indígenas, previo concepto de la Comisión de Ordenamiento Territorial.

Los resguardos son de propiedad colectiva y no enajenable.

La ley definirá las relaciones y la coordinación de estas entidades con aquellas de las cuales formen parte.

Parágrafo. En el caso de un territorio indígena que comprenda el territorio de dos o más departamentos, su administración se hará por los consejos indígenas en coordinación con los gobernadores de los respectivos departamentos. En caso de que este territorio decida constituirse como entidad territorial, se hará con el cumplimiento de los requisitos establecidos en el inciso primero de este **Artículo.**

Artículo 330. De conformidad con la Constitución y las leyes, los territorios indígenas estarán gobernados por consejos conformados y reglamentados según los usos y costumbres de sus comunidades y ejercerán las siguientes funciones:

1. Velar por la aplicación de las normas legales sobre usos del suelo y poblamiento de sus territorios.
2. Diseñar las políticas y los planes y programas de desarrollo económico y social dentro de su territorio, en armonía con el Plan Nacional de Desarrollo.
3. Promover las inversiones públicas en sus territorios y velar por su debida ejecución.
4. Percibir y distribuir sus recursos.
5. Velar por la preservación de los recursos naturales.
6. Coordinar los programas y proyectos promovidos por las diferentes comunidades en su territorio.
7. Colaborar con el mantenimiento del orden público dentro de su territorio de acuerdo con las instrucciones y disposiciones del Gobierno Nacional.

8. Representar a los territorios ante el Gobierno Nacional y las demás entidades a las cuales se integren; y

9. Las que les señalen la Constitución y la ley.

Parágrafo. La explotación de los recursos naturales en los territorios indígenas se hará sin desmedro de la integridad cultural, social y económica de las comunidades indígenas. En las decisiones que se adopten respecto de dicha explotación, el Gobierno propiciará la participación de los representantes de las respectivas comunidades.

Artículo 331. Créase la Corporación Autónoma Regional del Río Grande de la Magdalena encargada de la recuperación de la navegación, de la actividad portuaria, la adecuación y la conservación de tierras, la generación y distribución de energía y el aprovechamiento y preservación del ambiente, los recursos ictiológicos y demás recursos naturales renovables.

La ley determinará su organización y fuentes de financiación, y definirá en favor de los municipios ribereños un tratamiento especial en la asignación de regalías y en la participación que les corresponda en los ingresos corrientes de la Nación.

Título XII. Del régimen económico y de la hacienda pública

Capítulo I. De las Disposiciones generales

Artículo 332. El Estado es propietario del subsuelo y de los recursos naturales no renovables, sin perjuicio de los derechos adquiridos y perfeccionados con arreglo a las leyes preexistentes.

Artículo 333. La actividad económica y la iniciativa privada son libres, dentro de los límites del bien común. Para su ejercicio, nadie podrá exigir permisos previos ni requisitos, sin autorización de la ley.

La libre competencia económica es un derecho de todos que supone responsabilidades.

La empresa, como base del desarrollo, tiene una función social que implica obligaciones. El Estado fortalecerá las organizaciones solidarias y estimulará el desarrollo empresarial.

El Estado, por mandato de la ley, impedirá que se obstruya o se restrinja la libertad económica y evitará o controlará cualquier abuso que personas o empresas hagan de su posición dominante en el mercado nacional.

La ley delimitará el alcance de la libertad económica cuando así lo exijan el interés social, el ambiente y el patrimonio cultural de la Nación.

Artículo 334. La dirección general de la economía estará a cargo del Estado. Este intervendrá, por mandato de la ley, en la explotación de los recursos naturales, en el uso del suelo, en la producción, distribución, utilización y consumo de los bienes, y en los servicios públicos y privados, para racionalizar la economía con el fin de conseguir el mejoramiento de la calidad de vida de los habitantes, la distribución equitativa de las oportunidades y los beneficios del desarrollo y la preservación de un ambiente sano.

El Estado, de manera especial, intervendrá para dar pleno empleo a los recursos humanos y asegurar que todas las personas, en particular las de menores ingresos, tengan acceso efectivo a los bienes y servicios básicos. También para promover la productividad y la competitividad y el desarrollo armónico de las regiones.

Artículo 335. Las actividades financiera, bursátil, aseguradora y cualquier otra relacionada con el manejo, aprovechamiento e inversión de los recursos de captación a las que se refiere el literal d) del numeral 19 del **Artículo** 150 son de interés público y solo pueden ser ejercidas previa autorización del Estado, conforme a la ley, la cual regulará la forma de intervención del Gobierno en estas materias y promoverá la democratización del crédito.

Artículo 336. Ningún monopolio podrá establecerse sino como arbitrio rentístico, con una finalidad de interés público o social y en virtud de la ley.

La ley que establezca un monopolio no podrá aplicarse antes de que hayan sido plenamente indemnizados los individuos que en virtud de ella deban quedar privados del ejercicio de una actividad económica lícita.

La organización, administración, control y explotación de los monopolios rentísticos estarán sometidos a un régimen propio, fijado por la ley de iniciativa gubernamental.

Las rentas obtenidas en el ejercicio de los monopolios de suerte y azar estarán destinadas exclusivamente a los servicios de salud.

Las rentas obtenidas en el ejercicio del monopolio de licores, estarán destinadas preferentemente a los servicios de salud y educación.

La evasión fiscal en materia de rentas provenientes de monopolios rentísticos será sancionada penalmente en los términos que establezca la ley.

El Gobierno enajenará o liquidará las empresas monopolísticas del Estado y otorgará a terceros el desarrollo de su actividad cuando no cumplan los requisitos de eficiencia, en los términos que determine la ley.

En cualquier caso se respetarán los derechos adquiridos por los trabajadores.

Artículo 337. La ley podrá establecer para las zonas de frontera, terrestres y marítimas, normas especiales en materias económicas y sociales tendientes a promover su desarrollo.

Artículo 338. En tiempo de paz, solamente el Congreso, las asambleas departamentales y los concejos distritales y municipales podrán imponer contribuciones fiscales o parafiscales. La ley, las ordenanzas y los acuerdos deben fijar, directamente, los sujetos activos y pasivos, los hechos y las bases gravables, y las tarifas de los impuestos.

La ley, las ordenanzas y los acuerdos pueden permitir que las autoridades fijen la tarifa de las tasas y contribuciones que cobren a los contribuyentes, como recuperación de los costos de los servicios que les presten o participación en los beneficios que les proporcionen; pero el sistema y el método para definir tales costos y beneficios, y la forma de hacer su reparto, deben ser fijados por la ley, las ordenanzas o los acuerdos.

Las leyes, ordenanzas o acuerdos que regulen contribuciones en las que la base sea el resultado de hechos ocurridos durante un período determinado, no pueden aplicarse sino a partir del período que comience después de iniciar la vigencia de la respectiva ley, ordenanza o acuerdo.

Capítulo II. De los planes de desarrollo

Artículo 339. Habrá un plan nacional de desarrollo conformado por una parte general y un plan de inversiones de las entidades públicas del orden nacional. En la parte general se señalarán los propósitos y objetivos nacionales de largo plazo y las estrategias y orientaciones generales de la política económica, ambiental y social, en especial las estrategias gubernamentales de lucha contra la pobreza. El plan de inversiones públicas contendrá los presupuestos plurianuales de los principales programas, estrategias, y proyectos de inversión pública nacional y la especificación de los recursos financieros requeridos para su ejecución.

Las entidades territoriales elaborarán y adoptarán de manera concertada entre ellas y el Gobierno Nacional, Planes de Desarrollo con el objeto de asegurar el uso eficiente de sus recursos, desarrollar estrategias de lucha contra la pobreza, y el desempeño adecuado de las funciones que les hayan sido asignadas por la Constitución y la ley.

Los planes de las entidades territoriales estarán conformados por una parte estratégica y un plan de inversiones de corto y largo plazo.

Parágrafo transitorio. Una vez entre en vigencia el acto legislativo, modificatorio del **Artículo** 339, el Gobierno Nacional presentará a consideración del Congreso, dentro de los tres (3) meses siguientes, las modificaciones necesarias para darle cumplimiento, por el resto del período constitucional de Gobierno.

(**Artículo** modificado por Decreto 99 de 2003 y por Decreto 99 de 2005.)

Artículo 340. Habrá un Consejo Nacional de Planeación integrado por representantes de las entidades territoriales y de los sectores económicos, sociales, ecológicos, comunitarios y culturales. El Consejo tendrá carácter consultivo y servirá de foro para la discusión del Plan Nacional de Desarrollo.

Los miembros del Consejo Nacional serán designados por el Presidente de la República de listas que le presenten las autoridades y las organizaciones de las entidades y sectores a que se refiere el inciso anterior, quienes deberán estar o haber estado vinculados a dichas actividades. Su período será de ocho años y cada cuatro se renovará parcialmente en la forma que establezca la ley.

En las entidades territoriales habrá también consejos de planeación, según lo determine la ley.

El Consejo Nacional y los consejos territoriales de planeación constituyen el Sistema Nacional de Planeación.

Artículo 341. El Gobierno elaborará el Plan Nacional de Desarrollo de acuerdo con las metas anuales del balance primario del sector público no financiero y con participación activa de las autoridades de planeación y de las entidades territoriales y someterá el proyecto correspondiente al concepto del Consejo Nacional de Planeación. Oída la opinión del Consejo procederá a efectuar las enmiendas que considere pertinentes y presentará el proyecto a consideración del Congreso, dentro de los seis meses siguientes a la iniciación del período presidencial respectivo.

Previo el informe que elaboren las comisiones de cada cámara respecto a los temas afines a su especialidad, el Plan será discutido por el Gobierno con las bancadas parlamentarias regionales, integradas por los Representantes a la Cámara de cada circunscripción y dos Senadores en representación de las listas que obtuvieron las dos mayores votaciones para el Senado en el departamento respectivo. Los parlamentarios elegidos por circunscripción especial indígena participarán en las regiones donde haya territorio y población indígena, los de circunscripción especial de comunidades negras en aquellas regiones donde haya población negra con procesos de identidad propia legalmente reconocidos, los de minorías políticas en el departamento donde su lista obtuvo la mayor votación y el congresista por los colombianos residentes en el exterior lo hará en la bancada que corresponde a Bogotá. Cumplidos los pasos anteriores el proyecto de Plan de Desarrollo se debatirá en las plenarias para su aprobación.

Los desacuerdos con el contenido de la parte general, si los hubiere, no serán obstáculo para que el Gobierno ejecute las políticas propuestas en lo que sea de su competencia. No obstante, cuando el gobierno decida modificar la parte general del plan, deberá seguir el procedimiento indicado en el **Artículo** siguiente.

El Plan Nacional de Inversiones se expedirá mediante una ley que tendrá prelación sobre las demás leyes; en consecuencia, sus mandatos constituirán mecanismos idóneos para su ejecución y suplirán los existentes sin necesidad de expedición de leyes posteriores. Con todo, en las leyes anuales de presupuesto se podrá aumentar o disminuir las partidas y recursos aprobados en la ley del plan. Si el Congreso no aprueba el Plan Nacional de Inversiones Públicas en un término de tres meses después de presentado, el Gobierno podrá ponerlo en vigencia mediante decreto con fuerza de ley.

El Congreso podrá modificar el Plan de Inversiones Públicas siempre y cuando mantenga el equilibrio financiero. Cualquier incremento en las autorizaciones de endeudamiento solicitadas en el proyecto gubernamental o inclusión de proyectos de inversión no contemplados en él, requerirá el visto bueno del Gobierno Nacional.

Parágrafo. El Gobierno Nacional fijará metas anuales de balance primario para el sector público no financiero que garanticen la sostenibilidad de largo plazo de la deuda pública consolidada del sector público no financiero.

(Modificado por Decreto 99 de 2003.)

Artículo 342. La correspondiente ley orgánica reglamentará todo lo relacionado con los procedimientos de elaboración, aprobación y ejecución de los planes de desarrollo y dispondrá los mecanismos apropiados para su armonización y para la sujeción a ellos de los presupuestos oficiales. Determinará, igualmente, la organización y funciones del Consejo Nacional de Planeación y de los consejos territoriales, así como los procedimientos conforme a los cuales se hará efectiva la participación ciudadana en la discusión de los planes de desarrollo, y las modificaciones correspondientes, conforme a lo establecido en la Constitución.

Artículo 343. La entidad nacional de planeación que señale la ley, tendrá a su cargo el diseño y la organización de los sistemas de evaluación de gestión y resultados de la administración pública, tanto en lo relacionado con políticas como con proyectos de inversión, en las condiciones que ella determine.

Artículo 344. Los organismos departamentales de planeación harán la evaluación de gestión y resultados sobre los planes y programas de desarrollo e inversión de los departamentos y municipios, y participarán en la preparación de los presupuestos de estos últimos en los términos que señale la ley.

En todo caso el organismo nacional de planeación, de manera selectiva, podrá ejercer dicha evaluación sobre cualquier entidad territorial.

Capítulo III. Del presupuesto

Artículo 345. En tiempo de paz no se podrá percibir contribución o impuesto que no figure en el presupuesto de rentas, ni hacer erogación con cargo al Tesoro que no se halle incluida en el de gastos.

Tampoco podrá hacerse ningún gasto público que no haya sido decretado por el Congreso, por las asambleas departamentales, o por los concejos distritales o municipales, ni transferir crédito alguno a objeto no previsto en el respectivo presupuesto.

Parágrafo transitorio. Los gastos de funcionamiento de los órganos que conforman el presupuesto general de la Nación, de las entidades descentralizadas, autónomas, de naturaleza especial o única, que administren recursos públicos y de las territoriales, incluidos los salarios y las pensiones superiores a dos (2) salarios mínimos legales mensuales, no se incrementarán con relación a los gastos del año 2002, durante un período de dos (2) años, contados a partir de la entrada en vigencia del presente acto legislativo. Se exceptúan: el Sistema General de Participaciones de los departamentos, distritos y municipios; los gastos destinados a la expansión de la seguridad democrática, diferentes de los correspondientes a salarios; el pago de nuevas pensiones y las nuevas cotizaciones a la seguridad social, o las compensaciones a que dé lugar. Cualquier incremento de salarios y pensiones en el año 2003 estará sujeto a la decisión que adopte el constituyente primario sobre este **Artículo**. De registrarse, a finales de diciembre del año 2003 o 2004, un incremento anual en la inflación, calculada de acuerdo con el IPC, superior al correspondiente para el año 2002, se incrementarán los salarios y pensiones en un porcentaje igual a la diferencia entre la inflación registrada en cada uno de estos años, y la correspondiente al año 2002.

El ahorro de los departamentos, distritos y municipios, generado por el menor crecimiento del gasto financiado por el sistema general de participaciones de los departamentos, distritos y municipios, lo destinarán las entidades territoriales para reservas del Fondo Nacional de Pensiones Territoriales, del Fondo de Prestaciones Sociales del Magisterio, y para el pasivo pensional del sector salud.

(Modificado por Ley 796 de 2003.)

Artículo 346. El Gobierno formulará anualmente el Presupuesto de Rentas y Ley de Apropiaciones que deberá corresponder al Plan Nacional de Desarrollo y a las metas anuales del balance primario del sector público no financiero y lo presentará al Congreso, dentro de los primeros diez (10) días de cada legislatura.

En la Ley de Presupuesto se podrán conceder autorizaciones para reorientar rentas cedidas o asignadas y modificar leyes que decreten gasto público, todo ello con carácter transitorio y de conformidad con lo dispuesto en la Ley Orgánica de Presupuesto.

En la Ley de Apropiaciones no podrá incluirse partida alguna que no corresponda a un crédito judicialmente reconocido, o a un gasto decretado conforme a la ley anterior, o a uno propuesto por el Gobierno para atender debidamente el funcionamiento de las ramas del poder público, o al servicio de la deuda, o destinado a dar cumplimiento al Plan de Desarrollo.

Las comisiones de asuntos económicos de las dos cámaras deliberarán en forma conjunta para dar primer debate al proyecto de presupuesto de rentas y ley de apropiaciones. La correspondiente ponencia deberá rendirse por lo menos con un mes de antelación a su discusión en comisiones.

Previamente a la discusión en comisiones conjuntas de asuntos económicos de las dos cámaras, y durante el mes después de su presentación se reunirán conjuntamente las comisiones constitucionales permanentes de las dos cámaras por especialidad, con el objeto de producir sendos conceptos o pliegos reformatorios respecto del proyecto de ley de presupuesto y en relación con los temas de su competencia. Los informes así producidos serán distribuidos a todos los miembros del Congreso y serán considerados durante el primer debate.

Durante el mismo período los congresistas se reunirán por bancadas departamentales y Bogotá para examinar las partidas que se asignen al respectivo departamento o al Distrito Capital, efectuando dicho estudio de manera desagregada y producirán un informe con las mismas características del mencionado en el inciso anterior, el cual tendrá el mismo trámite.

Los Senadores formarán parte de la bancada del departamento donde hayan obtenido la mayor votación.

El proyecto de rentas y ley de apropiaciones deberá ser sometido a consideración para segundo debate en las plenarias a más tardar ocho (8) días antes del vencimiento del término para la expedición del presupuesto del que trata el **Artículo** 349.

Entre el 2 de mayo y el 20 de junio se realizarán audiencias públicas departamentales y distritales para escuchar a la comunidad.

Parágrafo 1.º Las modificaciones que se propongan en los informes de que tratan los incisos 4 y 5 del presente **Artículo** deberán corresponder al Plan de Inversiones del Plan Nacional de Desarrollo y a los planes de inversión de los planes de desarrollo de las entidades territoriales. El proyecto presentado al Congreso por el Gobierno, recogerá el resultado de audiencias públicas consultivas convocadas por los Gobiernos Nacional, Departamentales y del Distrito Capital y del análisis hecho en el Congreso por las Comisiones Constitucionales y las Bancadas de cada departamento y Bogotá. No incluirá partidas globales excepto las necesarias par a atender emergencias y catástrofes. La Ley Orgánica del Presupuesto reglamentará la materia, así como la realización de audiencias públicas especiales de control político, en las cuales los congresistas formularán los reclamos y aspiraciones de la comunidad.

Parágrafo 2.º Lo dispuesto en este **Artículo** se aplicará a la elaboración y aprobación en todas las entidades territoriales. Con excepción de los mecanismos establecidos en esta disposición, en ningún caso y en ningún tiempo los miembros de las corporaciones públicas podrán directamente o por intermedio de terceros, convenir con organismos o funcionarios del Estado la apropiación de partidas presupuestales o las decisiones de destinación de la inversión de dineros públicos.

Los gastos de inversión, incluidos en el proyecto de presupuesto presentado al Congreso por el Gobierno, recogerán el resultado de audiencias públicas consultivas, convocadas por los gobiernos nacional, departamentales y del Distrito Capital, y del análisis hecho en el Congreso por las comisiones constitucionales y las bancadas de cada departamento y Bogotá. El presupuesto no incluirá partidas globales, excepto las necesarias para atender emergencias y desastres. El Congreso de la República participará activamente en la dirección y control de los ingresos y los gastos públicos, lo cual comprenderá, tanto el análisis y la decisión sobre la inversión nacional, como sobre la regional. La Ley Orgánica del Presupuesto reglamentará la materia, así como la realización de las audiencias públicas especiales de control político, en las cuales los congresistas formularán los reclamos y aspiraciones de la comunidad. Lo relativo a las audiencias, dispuesto en este **Artículo**, se aplicará a la elaboración, aprobación y ejecución del presupuesto, en todas las entidades territoriales.

Parágrafo. Con excepción de los mecanismos establecidos en el título XII de la Constitución Política, en ningún caso y en ningún tiempo, los miembros de las corporaciones públicas podrán, directamente o por intermedio de terceros, convenir con organismos o funcionarios del Estado la apropiación de partidas presupuestales, o las decisiones de destinación de la inversión de dineros públicos. Lo dispuesto en este parágrafo se aplicará a la elaboración y aprobación de presupuesto en todas las entidades territoriales.

(Modificado por Ley 796 de 2003-adición inciso final y parágrafo / Modificado por Decreto 99 de 2003-inciso primero a noveno.)

Artículo 347. El proyecto de ley de apropiaciones deberá contener la totalidad de los gastos que el Estado pretenda realizar durante la vigencia fiscal respectiva. Si los ingresos legalmente autorizados no fueren suficientes para atender los gastos proyectados, el Gobierno propondrá, por separado, ante las mismas comisiones que estudian el proyecto de ley del presupuesto, la creación de nuevas rentas o la modificación de las existentes para financiar el monto de gastos contemplados.

El presupuesto podrá aprobarse sin que se hubiere perfeccionado el proyecto de ley referente a los recursos adicionales, cuyo trámite podrá continuar su curso en el período legislativo siguiente.

Parágrafo transitorio. Durante los años 2002, 2003, 2004, 2005, 2006, 2007 y 2008 el monto total de las apropiaciones autorizadas por la ley anual de presupuesto para gastos generales, diferentes de los destinados al pago de pensiones, salud, gastos de defensa, servicios personales, al Sistema General de Participaciones y a otras transferencias que señale la ley, no podrá incrementarse de un año a otro, en un porcentaje superior al de la tasa de inflación causada para cada uno de ellos, más el uno punto cinco por ciento (1.5 %).

La restricción al monto de las apropiaciones, no se aplicará a las necesarias para atender gastos decretados con las facultades de los Estados de Excepción.

(Modificado por Acto Legislativo Número 1 de 2001.)

Artículo 348. Si el Congreso no expidiere el presupuesto, regirá el presentado por el Gobierno dentro de los términos del **Artículo** precedente; si el presupuesto no hubiere sido presentado dentro de dicho plazo, regirá el del año anterior, pero el Gobierno podrá reducir gastos, y, en consecuencia, suprimir o refundir empleos, cuando así lo aconsejen los cálculos de rentas del nuevo ejercicio.

Artículo 349. Durante los tres primeros meses de cada legislatura, y estrictamente de acuerdo con las reglas de la Ley Orgánica, el Congreso discutirá y expedirá el Presupuesto General de Rentas y Ley de Apropiaciones.

Los cómputos de las rentas, de los recursos del crédito y los provenientes del balance del Tesoro, no podrán aumentarse por el Congreso sino con el concepto previo y favorable suscrito por el ministro del ramo.

Artículo 350. La ley de apropiaciones deberá tener un componente denominado gasto público social que agrupará las partidas de tal naturaleza, según definición hecha por la ley orgánica respectiva. Excepto en los casos de guerra exterior o por razones de seguridad nacional, el gasto público social tendrá prioridad sobre cualquier otra asignación.

En la distribución territorial del gasto público social se tendrá en cuenta el número de personas con necesidades básicas insatisfechas, la población, y la eficiencia fiscal y administrativa, según reglamentación que hará la ley.

El presupuesto de inversión no se podrá disminuir porcentualmente con relación al año anterior respecto del gasto total de la correspondiente ley de apropiaciones.

Artículo 351. El Congreso no podrá aumentar ninguna de las partidas del presupuesto de gastos propuestas por el Gobierno, ni incluir una nueva, sino con la aceptación escrita del ministro del ramo.

El Congreso podrá eliminar o reducir partidas de gastos propuestas por el Gobierno, con excepción de las que se necesitan para el servicio de la deuda pública, las demás obligaciones contractuales del Estado, la atención completa de los servicios ordinarios de la administración y las inversiones autorizadas en los planes y programas a que se refiere el **Artículo 341.**

Si se elevare el cálculo de las rentas, o si se eliminaren o disminuyeren algunas de las partidas del proyecto respectivo, las sumas así disponibles, sin exceder su cuantía, podrán aplicarse a otras inversiones o gastos autorizados conforme a lo prescrito en el inciso final del **Artículo 349** de la Constitución.

Artículo 352. Además de lo señalado en esta Constitución, la Ley Orgánica del Presupuesto regulará lo correspondiente a la programación, aprobación, modificación, ejecución de los presupuestos de la Nación, de las entidades territoriales y de los entes descentralizados de cualquier nivel administrativo, y su coordinación con el Plan Nacional de Desarrollo, así como también la capacidad de los organismos y entidades estatales para contratar.

Artículo 353. Los principios y las disposiciones establecidos en este título se aplicarán, en lo que fuere pertinente, a las entidades territoriales, para la elaboración, aprobación y ejecución de su presupuesto.

Artículo 354. Habrá un Contador General, funcionario de la rama ejecutiva, quien llevará la contabilidad general de la Nación y consolidará ésta con la de sus entidades descentralizadas territorialmente o por servicios, cualquiera que sea el orden al que pertenezcan, excepto la referente a la ejecución del Presupuesto, cuya competencia se atribuye a la Contraloría.

Corresponden al Contador General las funciones de uniformar, centralizar y consolidar la contabilidad pública, elaborar el balance general y determinar las normas contables que deben regir en el país, conforme a la ley.

Parágrafo. Seis meses después de concluido el año fiscal, el Gobierno Nacional enviará al Congreso el balance de la Hacienda, auditado por la Contraloría General de la República, para su conocimiento y análisis.

Artículo 355. Ninguna de las ramas u órganos del poder público podrá decretar auxilios o donaciones en favor de personas naturales o jurídicas de derecho privado.

El Gobierno, en los niveles nacional, departamental, distrital y municipal podrá, con recursos de los respectivos presupuestos, celebrar contratos con entidades privadas sin ánimo de lucro y de reconocida idoneidad con el fin de impulsar programas y actividades de interés público acordes con el Plan Nacional y los planes seccionales de Desarrollo. El Gobierno Nacional reglamentará la materia.

Asimismo, queda prohibida cualquier forma de concesión de auxilios con recursos de origen público, bien sean de la Nación, los departamentos o los municipios, sus entidades descentralizadas, o los establecimientos públicos o las empresas industriales y comerciales, o las sociedades de economía mixta, mediante apropiaciones, donaciones o contratos que tengan por destino final, en todo o en parte, apoyar campañas políticas, agradecer apoyos o comprometer la independencia de los miembros de corporaciones públicas de elección popular.

Sin perjuicio de las demás sanciones a que haya lugar, la violación de estas prohibiciones constituye causal de destitución o desvinculación para el servidor público que la promueva, tolere o ejecute, lo mismo que de inhabilidad para el ejercicio, en el futuro, de cualquier otro cargo o función pública, y de pérdida de investidura para el congresista, diputado, concejal o miembro de juntas administradoras locales que la consume.

(Modificado por Ley 796 de 2003.)

Capítulo IV. De la distribución de recursos y de las competencias

Artículo 356. Salvo lo dispuesto por la Constitución, la ley, a iniciativa del Gobierno, fijará los servicios a cargo de la Nación y de los Departamentos, Distritos, y Municipios. Para efecto de atender los servicios a cargo de éstos y a proveer los recursos para financiar adecuadamente su prestación, se crea el Sistema General de Participaciones de los Departamentos, Distritos y Municipios.

Los Distritos tendrán las mismas competencias que los municipios y departamentos para efectos de la distribución del Sistema General de Participaciones que establezca la ley.

Para estos efectos, serán beneficiarias las entidades territoriales indígenas, una vez constituidas. Asimismo, la ley establecerá como beneficiarios a los resguardos indígenas, siempre y cuando estos no se hayan constituido en entidad territorial indígena.

Los recursos del Sistema General de Participaciones de los departamentos, distritos y municipios se destinarán a la financiación de los servicios a su cargo, dándole prioridad al servicio de salud y los servicios de educación preescolar, primaria, secundaria y media, garantizando la prestación de los servicios y la ampliación de cobertura.

Teniendo en cuenta los principios de solidaridad, complementariedad y subsidiariedad, la ley señalará los casos en los cuales la Nación podrá concurrir a la financiación de los gastos en los servicios que sean señalados por la ley como de competencia de los departamentos, distritos y municipios.

La ley reglamentará los criterios de distribución del Sistema General de Participaciones de los Departamentos, Distritos, y Municipios, de acuerdo con las competencias que le asigne a cada una de estas entidades; y contendrá las disposiciones necesarias para poner en operación el Sistema General de Participaciones de éstas, incorporando principios sobre distribución que tengan en cuenta los siguientes criterios:

1. Para educación y salud: población atendida y por atender, reparto entre población urbana y rural, eficiencia administrativa y fiscal, y equidad;
2. Para otros sectores: población, reparto entre población y urbana y rural, eficiencia administrativa y fiscal, y pobreza relativa.

No se podrá descentralizar competencias sin la previa asignación de los recursos fiscales suficientes para atenderlas.

Los recursos del Sistema General de Participaciones de los Departamentos, Distritos, y Municipios se distribuirán por sectores que defina la ley.

El monto de recursos que se asigne para los sectores de salud y educación, no podrá ser inferior al que se transfería a la expedición del presente acto legislativo a cada uno de estos sectores.

Parágrafo transitorio. El Gobierno deberá presentar el proyecto de ley que regule la organización y funcionamiento del Sistema General de Participaciones de los Departamentos, Distritos, y Municipios, a más tardar el primer mes de sesiones del próximo período legislativo.

(Modificado por Acto Legislativo Número 1 de 1995 y Acto Legislativo Número 1 de 2001.)

Artículo 357. El monto del Sistema General de Participaciones de los Departamentos, Distritos y Municipios se incrementará anualmente en un porcentaje igual al promedio de la variación porcentual que hayan tenido los ingresos Corrientes de la Nación durante los cuatro (4) años anteriores, incluida la correspondiente al aforo del presupuesto en ejecución.

Para efectos del cálculo de la variación de los ingresos corrientes de la Nación a que se refiere el inciso anterior, estarán excluidos los tributos que se arbitren por medidas de estados de excepción, salvo que el Congreso, durante el año siguiente les otorgue el carácter permanente.

Los municipios clasificados en las categorías cuarta, quinta y sexta, de conformidad con las normas vigentes, podrán destinar libremente, para inversión y otros gastos inherentes al funcionamiento de la administración municipal, hasta un veintiocho (28 %) de los recursos que perciban por concepto del Sistema General de Participaciones de los Departamentos, Distritos y Municipios, exceptuando los recursos que se destinen para educación y salud.

Parágrafo transitorio 1.º El Sistema General de Participaciones de los Departamentos, Distritos y Municipios tendrá como base inicial el monto de los recursos que la Nación transfería a las entidades territoriales antes de entrar en vigencia este acto legislativo, por concepto de situado fiscal, participación de los municipios en los ingresos corrientes de la Nación y las transferencias complementarias al situado fiscal para educación, que para el año 2001 se valoran en la suma de diez punto novecientos sesenta y dos (10.962) billones de pesos.

En el caso de educación, la base inicial contempla los costos por concepto de docentes y administrativos pagados con situado fiscal y el fondo de compensación educativa, docentes y otros gastos en educación financiados a nivel distrital y municipal con las participaciones en los ingresos corrientes de la nación, y los docentes, personal administrativo de los planteles educativos y directivos docentes departamentales y municipales pagados con recursos propios, todos ellos a 1.º de noviembre del 2000. Esta incorporación será automática a partir del 1.º de enero de 2002.

Parágrafo transitorio 2.º Durante los años comprendidos entre 2002 y 2008 el monto del Sistema General de Participaciones crecerá en un porcentaje igual al de la tasa de inflación causada, más un crecimiento adicional que aumentará en forma escalonada así: Para los años 2002, 2003, 2004 y 2005 el incremento será de 2 %; para los años 2006, 2007 y 2008 el incremento será de 2.5 %.

Si durante el período de transición el crecimiento real de la economía (producto interno bruto) certificado por el DANE en el mes de mayo del año siguiente es superior al 4

%, el crecimiento adicional del Sistema General de Participaciones de que trata el presente parágrafo se incrementará en una proporción equivalente al crecimiento que supere el 4 %, previo descuento de los porcentajes que la Nación haya tenido que asumir, cuando el crecimiento real de la economía no haya sido suficiente para financiar el 2 % adicional durante los años 2002, 2003, 2004 y 2005, y 2.5 % adicional para los años 2006, 2007 y 2008.

Parágrafo transitorio 3.° Al finalizar el período de transición, el porcentaje de los ingresos corrientes de la Nación destinados para el Sistema General de Participación será como mínimo el porcentaje que constitucionalmente se transfiera en el año 2001. La Ley, a iniciativa del Congreso, establecerá la gradualidad del incremento autorizado en este parágrafo.

En todo caso, después del período de transición, el Congreso, cada cinco años y a iniciativa propia a través de ley, podrá incrementar el porcentaje.

Igualmente durante la vigencia del Sistema General de Participaciones de los Departamentos, Distritos, y Municipios, el Congreso de la República, podrá revisar por iniciativa propia cada cinco años, la base de liquidación de éste.

(**Artículo** modificado por Acto Legislativo Número 1 de 1995 y Acto Legislativo Número 1 de 2001.)

Artículo 358. Para los efectos contemplados en los dos **Artículos** anteriores, entiéndese por ingresos corrientes los constituidos por los ingresos tributarios y no tributarios con excepción de los recursos de capital.

Artículo 359. No habrá rentas nacionales de destinación específica. Se exceptúan:

1. Las participaciones previstas en la Constitución a favor de los Departamentos, Distritos y Municipios.
2. Las destinadas para inversión social.
3. Las que, con base en las leyes anteriores, la Nación asigna a entidades de previsión social y a las antiguas intendencias y comisarías.

4. El 25 % de los recursos del impuesto del valor agregado IVA que se recaude a nivel nacional, se destinarán única y exclusivamente al fortalecimiento de los planes y programas de inversión social en un 13 % para los municipios con menos de 25.000 habitantes, un 4 % para todos los corregimientos, un 4 % para los resguardos indígenas y un 4 % para los estratos uno (1), dos (2) y tres (3) de los Distritos y Municipios del país.

Estos recursos destinados según el numeral anterior, se distribuirán en los siguientes sectores así:

Para la salud básica primaria, acueductos, electrificación, alcantarillado domiciliario y hogares comunitarios.

Para educación básica primaria, educación en técnicas agropecuarias y de pesca, reforestación de especies autóctonas, técnicas en tratamientos de ríos, lagunas y ciénagas.

Para créditos agropecuarios, para asistencia técnica y mejoramiento de calidad de vida del campesino.

Para el tratamiento de enfermedades infantiles de alto costo no incluidas en el régimen de salud.

Para desarrollo de planes de vivienda, salud y educación para la población desplazada por la violencia.

Para subsidio de tarifas de energía, acueducto y alcantarillado de los estratos 1, 2 y 3.

Para fortalecer el fondo pensional de los jubilados de las Universidades Públicas, el cual será inembargable.

Para seguridad social y reubicación de vendedores ambulantes y estacionarios.

Para garantizar planes de vivienda y seguridad social para los periodistas y artistas colombianos, definidos en la Ley 25 de 1985, y

Para el deporte.

Para la protección y la asistencia de las personas de la tercera edad, y para la atención especializada que requieran los disminuidos físicos, sensoriales y síquicos.

Parágrafo. No se podrá invertir más de un 20 % del recurso destinado en el numeral 4.º de este **Artículo**, en un mismo sector.

(**Artículo** adicionado por Decreto 1718 de 2001.)

Artículo 360. La ley determinará las condiciones para la explotación de los recursos naturales no renovables así como los derechos de las entidades territoriales sobre los mismos.

La explotación de un recurso natural no renovable causará a favor del Estado, una contraprestación económica a título de regalía, sin perjuicio de cualquier otro derecho o compensación que se pacte.

Los departamentos y municipios en cuyo territorio se adelanten explotaciones de recursos naturales no renovables, así como los puertos marítimos y fluviales por donde se transporten dichos recursos o productos derivados de los mismos, tendrán derecho a participar en las regalías y compensaciones.

Artículo 361. Los ingresos provenientes de las regalías que no sean asignados a los departamentos, municipios y distritos productores y portuarios, y a Cormagdalena, se destinarán a las entidades territoriales, en los términos que señale la ley.

Estos fondos se aplicarán así: el 56 % a la ampliación de la cobertura con calidad en educación preescolar, básica y media. El 36 % para agua potable y saneamiento básico, el 7 % para el Fondo Nacional de Pensiones de las Entidades Territoriales, y el 1 % para inversión en la recuperación del río Cauca.

En la ejecución de estos recursos se dará prioridad a la participación de los destinados a la educación.

La ley, a iniciativa del Gobierno, reglamentará la materia.

Parágrafo transitorio. Serán respetados los recursos provenientes de regalías que se vincularon, por varias vigencias fiscales, para atender compromisos adquiridos por las entidades territoriales.

(Modificado por Ley 796 de 2003.)

Artículo 362. Los bienes y rentas tributarias o no tributarias o provenientes de la explotación de monopolios de las entidades territoriales, son de su propiedad exclusiva y gozan de las mismas garantías que la propiedad y renta de los particulares.

Los impuestos departamentales y municipales gozan de protección constitucional y en consecuencia la ley no podrá trasladarlos a la Nación, salvo temporalmente en caso de guerra exterior.

Artículo 363. El sistema tributario se funda en los principios de equidad, eficiencia y progresividad.

Las leyes tributarias no se aplicarán con retroactividad.

Artículo 364. El endeudamiento interno y externo de la Nación y de las entidades territoriales no podrá exceder su capacidad de pago. La ley regulará la materia.

Capítulo V. De la finalidad social del Estado y de los servicios públicos

Artículo 365. Los servicios públicos son inherentes a la finalidad social del Estado. Es deber del Estado asegurar su prestación eficiente a todos los habitantes del territorio nacional.

Los servicios públicos estarán sometidos al régimen jurídico que fije la ley, podrán ser prestados por el Estado, directa o indirectamente, por comunidades organizadas, o por particulares. En todo caso, el Estado mantendrá la regulación, el control y la vigilancia de dichos servicios. Si por razones de soberanía o de interés social, el Estado, mediante ley aprobada por la mayoría de los miembros de una y otra cámara, por iniciativa del Gobierno decide reservarse determinadas actividades estratégicas o servicios públicos, deberá indemnizar previa y plenamente a las personas que en virtud de dicha ley, queden privadas del ejercicio de una actividad lícita.

Artículo 366. El bienestar general y el mejoramiento de la calidad de vida de la población son finalidades sociales del Estado. Será objetivo fundamental de su actividad la solución de las necesidades insatisfechas de salud, de educación, de saneamiento ambiental y de agua potable.

Para tales efectos, en los planes y presupuestos de la Nación y de las entidades territoriales, el gasto público social tendrá prioridad sobre cualquier otra asignación.

Artículo 367. La ley fijará las competencias y responsabilidades relativas a la prestación de los servicios públicos domiciliarios, su cobertura, calidad y financiación, y el régimen tarifario que tendrá en cuenta además de los criterios de costos, los de solidaridad y redistribución de ingresos.

Los servicios públicos domiciliarios se prestarán directamente por cada municipio cuando las características técnicas y económicas del servicio y las conveniencias generales lo permitan y aconsejen, y los departamentos cumplirán funciones de apoyo y coordinación.

La ley determinará las entidades competentes para fijar las tarifas.

Artículo 368. La Nación, los departamentos, los distritos, los municipios y las entidades descentralizadas podrán conceder subsidios, en sus respectivos presupuestos, para que las personas de menores ingresos puedan pagar las tarifas de los servicios públicos domiciliarios que cubran sus necesidades básicas.

Artículo 369. La ley determinará los deberes y derechos de los usuarios, el régimen de su protección y sus formas de participación en la gestión y fiscalización de las empresas estatales que presten el servicio. Igualmente definirá la participación de los municipios o de sus representantes, en las entidades y empresas que les presten servicios públicos domiciliarios.

Artículo 370. Corresponde al Presidente de la República señalar, con sujeción a la ley, las políticas generales de administración y control de eficiencia de los servicios públicos domiciliarios y ejercer por medio de la Superintendencia de Servicios Públicos Domiciliarios, el control, la inspección y vigilancia de las entidades que los presten.

Capítulo VI. De la banca central

Artículo 371. El Banco de la República ejercerá las funciones de banca central. Estará organizado como persona jurídica de derecho público, con autonomía administrativa, patrimonial y técnica, sujeto a un régimen legal propio.

Serán funciones básicas del Banco de la República: regular la moneda, los cambios internacionales y el crédito; emitir la moneda legal; administrar las reservas internacionales; ser prestamista de última instancia y banquero de los establecimientos de crédito; y servir como agente fiscal del gobierno. Todas ellas se ejercerán en coordinación con la política económica general.

El Banco rendirá al Congreso informe sobre la ejecución de las políticas a su cargo y sobre los demás asuntos que se le soliciten.

Artículo 372. Los miembros de dedicación exclusiva de la Junta Directiva del Banco de la República, no podrán aceptar cargo directivo o prestar sus servicios a entidades de carácter financiero de todo orden, dentro del año siguiente a su renuncia al cargo o terminación del período para el cual fueron nombrados.

(Modificado por Decreto 99 de 2003.)

Artículo 373. El Estado, por intermedio del Banco de la República, velará por el mantenimiento de la capacidad adquisitiva de la moneda. El Banco no podrá establecer cupos de crédito, ni otorgar garantías a favor de particulares, salvo cuando se trate de intermediación de crédito externo para su colocación por medio de los establecimientos de crédito, o de apoyos transitorios de liquidez para los mismos. Las operaciones de financiamiento a favor del Estado requerirán la aprobación unánime de la junta directiva, a menos que se trate de operaciones de mercado abierto. El legislador, en ningún caso, podrá ordenar cupos de crédito a favor del Estado o de los particulares.

Título XIII. De la reforma de la Constitución

Artículo 374. La Constitución Política podrá ser reformada por el Congreso, por una Asamblea Constituyente o por el pueblo mediante referendo.

Artículo 375. Podrán presentar proyectos de acto legislativo el Gobierno, diez (10) miembros del Congreso, el quince por ciento (15 %) de los concejales o de los diputados, y los ciudadanos al menos el cinco por ciento (5 %) del censo electoral.

El trámite del proyecto tendrá lugar en dos períodos ordinarios y consecutivos. Aprobado en el primero de ellos por la mayoría de los asistentes, el proyecto será publicado por el Gobierno. En el segundo período la aprobación requerirá el voto de la mayoría de los miembros de cada Cámara.

En este segundo período solo podrán debatirse iniciativas presentadas en el primero.

(Modificado por Decreto 99 de 2003.)

Artículo 376. Mediante ley aprobada por mayoría de los miembros de una y otra Cámara, el Congreso podrá disponer que el pueblo en votación popular decida si convoca una Asamblea Constituyente con la competencia, el período y la composición que la misma ley determine.

Se entenderá que el pueblo convoca la Asamblea, si así lo aprueba, cuando menos, una tercera parte de los integrantes del censo electoral. La Asamblea deberá ser elegida por el voto directo de los ciudadanos, en acto electoral que no podrá coincidir con otro. A partir de la elección quedará en suspenso la facultad ordinaria del Congreso para reformar la Constitución durante el término señalado para que la Asamblea cumpla sus funciones. La Asamblea adoptará su propio reglamento.

Artículo 377. Deberán someterse a referendo las reformas constitucionales aprobadas por el Congreso, cuando se refieran a los derechos reconocidos en el Capítulo 1 del Título II y a sus garantías, a los procedimientos de participación popular, o al Congreso, si así lo solicita, dentro de los seis meses siguientes a la promulgación del Acto Legislativo, un cinco por ciento de los ciudadanos que integren el censo electoral. La reforma se entenderá derogada por el voto negativo de la mayoría de los sufragantes, siempre que en la votación hubiere participado al menos la cuarta parte del censo electoral.

Artículo 378. Por iniciativa del Gobierno o de los ciudadanos en las condiciones del **Artículo 155**, el Congreso, mediante ley que requiere la aprobación de la mayoría de los miembros de ambas Cámaras, podrá someter a referendo un proyecto de reforma constitucional que el mismo Congreso incorpore a la ley. El referendo será presentado de manera que los electores puedan escoger libremente en el temario o articulado qué votan positivamente y qué votan negativamente.

La aprobación de reformas a la Constitución por vía de referendo requiere el voto afirmativo de más de la mitad de los sufragantes, y que el número de éstos exceda de la cuarta parte del total de ciudadanos que integren el censo electoral.

Artículo 379. Los Actos Legislativos, la convocatoria a referendo, la consulta popular o el acto de convocación de la Asamblea Constituyente, solo podrán ser declarados inconstitucionales cuando se violen los requisitos establecidos en este título.

La acción pública contra estos actos solo procederá dentro del año siguiente a su promulgación, con observancia de lo dispuesto en el **Artículo** 241 numeral 2.

Artículo 380. Queda derogada la Constitución hasta ahora vigente con todas sus reformas. Esta Constitución rige a partir del día de su promulgación.

Disposiciones transitorias

Capítulo I

Artículo transitorio 1. Convócase a elecciones generales del Congreso de la República para el 27 de octubre de 1991.

El Congreso así elegido, tendrá el período que termina el 19 de julio de 1994.

La Registraduría del Estado Civil, abrirá un período de inscripción de cédulas de ciudadanía.

Artículo transitorio 2. No podrán ser candidatos en dicha elección los delegatarios de la Asamblea Constituyente de pleno derecho ni los actuales Ministros del Despacho.

Tampoco podrán serlo los funcionarios de la Rama Ejecutiva que no hubieren renunciado a su cargo antes del 14 de junio de 1991.

Artículo transitorio 3. Mientras se instala, el 1 de diciembre de 1991 el nuevo congreso, el actual y sus comisiones entrarán en receso y no podrán ejercer ninguna de sus atribuciones ni por iniciativa propia ni por convocatoria del Presidente de la República.

Artículo transitorio 4. El Congreso elegido el 27 de octubre de 1991 sesionará ordinariamente así:

Del 1.º al 20 de diciembre de 1991 y del 14 de enero al 26 de junio de 1992. A partir del 20 de julio de 1992 su régimen de sesiones será el prescrito en esta Constitución.

Artículo transitorio 5. Revístese al Presidente de la República de precisas facultades extraordinarias para:

1. Expedir las normas que organicen la Fiscalía General y las normas de procedimiento penal;
2. Reglamentar el derecho de tutela;
3. Tomar las medidas administrativas necesarias para el funcionamiento de la Corte Constitucional y el Consejo Superior de la Judicatura:
4. Expedir el Presupuesto General de la Nación para la vigencia de 1992;
5. Expedir normas transitorias para descongestionar los despachos judiciales.

Artículo transitorio 6. Créase una Comisión Especial de treinta y seis miembros elegidos por cuociente electoral por la Asamblea Nacional Constituyente, la mitad de los cuales podrán ser Delegatarios, que se reunirá entre el 15 de julio y el 4 de octubre de 1991 y entre el 18 de noviembre de 1991 y el día de la instalación del nuevo Congreso. La elección se realizará en sesión convocada para este efecto el 4 de julio de 1991.

Esta Comisión Especial tendrá las siguientes atribuciones:

1. Improbar por la mayoría de sus miembros, en todo o en parte, los proyectos de decreto que prepare el Gobierno Nacional en ejercicio de las facultades extraordinarias concedidas al Presidente de la República por el **Artículo** anterior y

en otras disposiciones del presente Acto Constituyente, excepto los de nombramientos.

Los **Artículos** improbados no podrán ser expedidos por el Gobierno.

2. Preparar los proyectos de ley que considere convenientes para desarrollar la Constitución. La Comisión Especial podrá presentar dichos proyectos para que sean debatidos y aprobados por el Congreso de la República.

3. Reglamentar su funcionamiento.

Parágrafo. Si la Comisión Especial no aprueba antes del 15 de diciembre de 1991 el proyecto de presupuesto para la vigencia fiscal de 1992, regirá el del año anterior, pero el Gobierno podrá reducir gastos, y, en consecuencia, suprimir o fusionar empleos, cuando así lo aconsejen los cálculos de rentas del nuevo ejercicio.

Artículo transitorio 7. El Presidente de la República designará un representante del Gobierno ante la Comisión Especial, que tendrá voz e iniciativa.

Artículo transitorio 8. Los decretos expedidos en ejercicio de las facultades de Estado de Sitio hasta la fecha de promulgación del presente Acto Constituyente, continuarán rigiendo por un plazo máximo de noventa días, durante los cuales el Gobierno Nacional podrá convertirlos en legislación permanente, mediante decreto, si la Comisión Especial no los imprueba.

Artículo transitorio 9. Las facultades extraordinarias para cuyo ejercicio no se hubiere señalado plazo especial, expirarán quince días después de que la Comisión Especial cese definitivamente en sus funciones.

Artículo transitorio 10. Los decretos que expida el Gobierno en ejercicio de las facultades otorgadas en los anteriores **Artículos** tendrán fuerza de ley y su control de constitucionalidad corresponderá a la Corte Constitucional.

Artículo transitorio 11. Las facultades extraordinarias a que se refiere el **Artículo** Transitorio 5, cesarán el día en que se instale el Congreso elegido el 27 de octubre de 1991.

En la misma fecha la comisión especial creada por el **Artículo** transitorio 6 también cesará en sus funciones.

Artículo transitorio 12. Con el fin de facilitar la reincorporación a la vida civil de los grupos guerrilleros que se encuentren vinculados decididamente a un proceso de paz bajo la dirección del Gobierno, éste podrá establecer, por una sola vez, circunscripciones especiales de paz para las elecciones a corporaciones públicas que tendrán lugar el 27 de octubre de 1991, o nombrar directamente por una sola vez, un número plural de Congresistas en cada Cámara en representación de los mencionados grupos en proceso de paz y desmovilizados.

El número será establecido por el Gobierno Nacional, según valoración que haga de las circunstancias y del avance del proceso. Los nombres de los Senadores y Representantes a que se refiere este **Artículo** serán convenidos entre el Gobierno y los grupos guerrilleros y su designación corresponderá al Presidente de la República.

Para los efectos previstos en este **Artículo,** el Gobierno podrá no tener en cuenta determinadas inhabilidades y requisitos necesarios para ser Congresista.

Artículo transitorio 13. Dentro de los tres años siguientes a la entrada en vigencia de esta Constitución, el Gobierno podrá dictar las disposiciones que fueren necesarias para facilitar la reinserción de grupos guerrilleros desmovilizados que se encuentren vinculados a un proceso de paz bajo su dirección; para mejorar las condiciones económicas y sociales de las zonas donde ellos estuvieran presentes; y para proveer a la organización territorial, organización y competencia municipal, servicios públicos y funcionamiento e integración de los cuerpos colegiados municipales en dichas zonas.

El Gobierno Nacional entregará informes periódicos al Congreso de la República sobre el cumplimiento y desarrollo de este **Artículo.**

Artículo transitorio 14. Dentro de la legislatura que se inicia el primero de diciembre de 1991, el Congreso Nacional, el Senado de la República y la Cámara de Representantes expedirán su respectivo reglamento. De no hacerlo, lo expedirá el Consejo de Estado, dentro de los tres meses siguientes.

Artículo transitorio 15. La primera elección de Vicepresidente de la República se efectuará en el año de 1994. Entre tanto, para suplir las faltas absolutas o temporales del Presidente de la República se conservará el anterior sistema de Designado, por lo cual, una vez vencido el período del elegido en 1990, el Congreso en pleno elegirá uno nuevo para el período de 1992-1994.

Artículo transitorio 16. Salvo los casos que señale la Constitución, la primera elección popular de gobernadores se celebrará el 27 de octubre de 1991.

Los gobernadores elegidos en esa fecha tomarán posesión el 2 de enero de 1992.

Artículo transitorio 17. La primera elección popular de Gobernadores en los departamentos del Amazonas, Guaviare, Guainía, Vaupés, y Vichada se hará a más tardar en 1997.

La ley puede fijar una fecha anterior. Hasta tanto, los gobernadores de los mencionados departamentos serán designados y podrán ser removidos por el Presidente de la República.

Artículo transitorio 18. Mientras la ley establece el régimen de inhabilidades para los gobernadores, en las elecciones del 27 de octubre de 1991 no podrán ser elegidos como tales:

1. Quienes en cualquier época hayan sido condenados por sentencia judicial a pena privativa de la libertad, con excepción de quienes lo hubieran sido por delitos políticos o culposos.

2. Quienes dentro de los seis meses anteriores a la elección hubieren ejercido como empleados públicos jurisdicción o autoridad política, civil, administrativa o militar a nivel nacional o en el respectivo departamento.

3. Quienes estén vinculados por matrimonio o parentesco dentro del tercer grado de consanguinidad, segundo de afinidad o primero civil con quienes se inscriban como candidatos en las mismas elecciones a Congreso de la República.

4. Quienes dentro de los seis meses anteriores a la elección, hayan intervenido en la gestión de asuntos o en la celebración de contratos con entidades públicas, en su propio interés o en interés de terceros.

La prohibición establecida en el numeral dos de este **Artículo** no se aplica a los miembros de la Asamblea Nacional Constituyente.

Artículo transitorio 19. Los alcaldes, concejales y diputados que se elijan en 1992 ejercerán sus funciones hasta el 31 de diciembre de 1994.

Capítulo II

Artículo transitorio 20. El Gobierno Nacional, durante el término de dieciocho meses contados a partir de la entrada en vigencia de esta Constitución y teniendo en cuenta la evaluación y recomendaciones de una Comisión conformada por tres expertos en Administración Pública o Derecho Administrativo designados por el Consejo de Estado; tres miembros designados por el Gobierno Nacional y uno en representación de la Federación Colombiana de Municipios, suprimirá, fusionará o reestructurará las entidades de la rama ejecutiva, los establecimientos públicos, las empresas industriales y comerciales y las sociedades de economía mixta del orden nacional, con el fin de ponerlas en consonancia con los mandatos de la presente reforma constitucional y, en especial, con la redistribución de competencias y recursos que ella establece.

Artículo transitorio 21. Las normas legales que desarrollen los principios consignados en el **Artículo** 125 de la Constitución serán expedidas por el Congreso dentro del año siguiente a su instalación. Si en este plazo el Congreso no las dicta, el Presidente de la República queda facultado para expedirlas en un término de tres meses.

A partir de la expedición de las normas legales que regulen la carrera, los nominadores de los servidores públicos la aplicarán en un término de seis meses.

El incumplimiento de los términos señalados en el inciso anterior será causal de mala conducta.

Mientras se expiden las normas a que hace referencia este **Artículo**, continuarán vigentes las que regulan actualmente la materia en cuanto no contraríen la Constitución.

Capítulo III

Artículo transitorio 22. Mientras la ley no fije otro número, la primera Corte Constitucional estará integrada por siete magistrados que serán designados para un período de un año así:

Dos por el Presidente de la República;

Uno por la Corte Suprema de Justicia;

Uno por el Consejo de Estado, y

Uno por el Procurador General de la Nación.

Los magistrados así elegidos designarán los dos restantes, de ternas que presentará el Presidente de la República.

La elección de los Magistrados que corresponde a la Corte Suprema de Justicia, al Consejo de Estado, al Presidente de la República y al Procurador General de la Nación, deberá hacerse dentro de los cinco días siguientes a la entrada en vigencia de esta Constitución. El incumplimiento de este deber será causal de mala conducta y si no se efectuare la elección por alguno de los órganos mencionados en dicho término, la misma se hará por los magistrados restantes debidamente elegidos.

Parágrafo 1.º Los miembros de la Asamblea Constituyente no podrán ser designados Magistrados de la Corte Constitucional en virtud de este procedimiento extraordinario.

Parágrafo 2.º La inhabilidad establecida en el **Artículo** 240 para los Ministros y Magistrados de la Corte Suprema de Justicia y del Consejo de Estado no es aplicable para la integración inmediata de la Corte Constitucional que prevé este **Artículo**.

Artículo transitorio 23. Revístese al Presidente de la República de precisas facultades extraordinarias para que dentro de los dos meses siguientes a la promulgación de la Constitución dicte mediante decreto, el régimen procedimental de los juicios y actuaciones que deban surtirse ante la Corte Constitucional.

En todo tiempo el Congreso podrá derogar o modificar las normas así establecidas.

Mientras se expide el decreto previsto en el inciso primero, el funcionamiento de la Corte Constitucional y el trámite y despacho de los asuntos a su cargo, se regirán por las normas pertinentes del decreto 432 de 1969.

Artículo transitorio 24. Las acciones públicas de inconstitucionalidad instauradas antes del 1 de junio de 1991 continuarán siendo tramitadas y deberán ser decididas por la Corte Suprema de Justicia, dentro de los plazos señalados en el decreto 432 de 1969.

Las que se hubieren iniciado con posterioridad a la fecha citada, deberán ser remitidas a la Corte Constitucional en el estado en que se encuentren.

Una vez sean fallados todos los procesos por la Corte Suprema de Justicia conforme al inciso primero del presente **Artículo**, su Sala Constitucional cesará en el ejercicio de sus funciones.

Artículo transitorio 25. El Presidente de la República designará por primera y única vez a los miembros de la Sala Disciplinaria del Consejo Superior de la Judicatura.

La Sala Administrativa será integrada con arreglo a lo dispuesto en el numeral primero del **Artículo** 254 de la Constitución.

Artículo transitorio 26. Los procesos que se adelanten actualmente en el Tribunal Disciplinario, continuarán tramitándose sin interrupción alguna por los magistrados de dicha corporación y pasarán al conocimiento de la sala disciplinaria del Consejo Superior de la Judicatura desde la instalación de la misma.

Artículo transitorio 27. La Fiscalía General de la Nación entrará a funcionar cuando se expidan los decretos extraordinarios que la organicen y los que establezcan los nuevos procedimientos penales, en desarrollo de las facultades concedidas por la Asamblea Nacional Constituyente al Presidente de la República.

En los decretos respectivos se podrá, sin embargo, disponer que la competencia de los distintos despachos judiciales se vaya asignando a medida que las condiciones concretas lo permitan, sin exceder del 30 de junio de 1992, salvo para los jueces penales municipales, cuya implantación se podrá extender por el término de cuatro años contados a partir de la expedición de esta reforma, según lo dispongan el Consejo Superior de la Judicatura y el Fiscal General de la Nación.

Las actuales fiscalías de los juzgados superiores, penales del circuito y superiores de aduana, y de orden público, pasarán a la Fiscalía General de la Nación. Las demás fiscalías se incorporarán a la estructura orgánica y a la planta de personal de la Procuraduría. El Procurador General señalará la denominación, funciones y sedes de estos servidores públicos, y podrá designar a quienes venían ejerciendo dichos cargos, conservando su remuneración y régimen prestacional.

La Procuraduría Delegada en lo Penal continuará en la estructura de la Procuraduría General de la Nación.

Igualmente pasarán a la Fiscalía General de la Nación, la dirección nacional y las direcciones seccionales de instrucción criminal, el cuerpo técnico de policía judicial, y los juzgados de instrucción criminal de la justicia ordinaria, de orden público y penal aduanera.

La Dirección Nacional de Medicina Legal del Ministerio de Justicia, con sus dependencias seccionales, se integrará a la Fiscalía General como establecimiento público adscrito a la misma.

Las dependencias que se integren a la Fiscalía General pasarán a ella con todos sus recursos humanos y materiales, en los términos que señale la ley que la organice.

Artículo transitorio 28. Mientras se expide la ley que atribuya a las autoridades judiciales el conocimiento de los hechos punibles sancionables actualmente con pena de arresto por las autoridades de policía, éstas continuarán conociendo de los mismos.

Artículo transitorio 29. Para la aplicación en cualquier tiempo de las normas que prohíben la reelección de los magistrados de la Corte Constitucional, de la Corte Suprema de Justicia y del Consejo de Estado, solo se tomarán en cuenta las elecciones que se produzcan con posterioridad a la promulgación de la presente reforma.

Artículo transitorio 30. Autorízase al Gobierno Nacional para conceder indultos o amnistías por delitos políticos y conexos, cometidos con anterioridad a la promulgación del presente Acto Constituyente, a miembros de grupos guerrilleros que se reincorporen a la vida civil en los términos de la política de reconciliación. Para tal efecto el Gobierno Nacional expedirá las reglamentaciones correspondientes. Este beneficio no podrá extenderse a delitos atroces ni a homicidios cometidos fuera de combate o aprovechándose del estado de indefensión de la víctima.

Capítulo IV

Artículo transitorio 31. Transcurrido un mes desde la instalación del Congreso elegido el 27 de octubre de 1991, el Consejo de Estado elegirá los miembros del Consejo Nacional Electoral en proporción a la representación que alcancen los partidos y movimientos políticos en el Congreso de la República.

Dicho Consejo permanecerá en ejercicio de sus funciones hasta el 1 de septiembre de 1994.

Artículo transitorio 32. Mientras se integra el Consejo Nacional Electoral en los términos que establece la Constitución, la composición actual de este órgano será ampliada con cuatro miembros designados por el Consejo de Estado, de ternas presentadas por los partidos y movimientos que no se encuentren representados en aquel, en la proporción de los resultados de las elecciones celebradas el 9 de diciembre de 1990, otorgando dos a la lista mayoritaria y uno a cada una de las listas no representadas que le siguieron en votos. Tales nombramientos deberán hacerse antes del quince de julio de 1991.

Artículo transitorio 33. El período del actual Registrador Nacional del Estado Civil concluye el 30 de septiembre de 1994.

El período del Registrador Nacional del Estado Civil a que se refiere esta Constitución empezará a contarse a partir del 1.º de octubre de 1994.

Artículo transitorio 34. El Presidente de la República, en un plazo no mayor de ocho días hábiles contados a partir de la promulgación de esta Constitución, designará, por un período de tres años un ciudadano que tendrá la función de impedir de oficio, o a petición de parte, el uso de recursos originalmente provenientes del tesoro público, o del exterior, en las campañas electorales que se efectúen en el término indicado, exceptuando la financiación de las campañas electorales conforme a la Constitución o la ley. Para este efecto tendrá derecho a pedir y a obtener la colaboración de la Procuraduría General de la Nación, de la Contraloría General de la República, de todas las entidades públicas que ejerzan atribuciones de control y vigilancia y de los organismos que ejerzan funciones de policía judicial.

El Presidente de la República reglamentará esta norma y le prestará al ciudadano designado todo el apoyo administrativo y financiero que le fuere indispensable.

Artículo transitorio 35. El Consejo Nacional Electoral reconocerá automáticamente personería jurídica a los partidos y movimientos políticos representados en la Asamblea Nacional Constituyente que se lo soliciten.

Capítulo V

Artículo transitorio 36. Los actuales Contralor General de la República y Procurador General de la Nación continuarán en el ejercicio de sus cargos, hasta tanto el Congreso elegido para el período constitucional de 1994-1998, realice la nueva elección, la que deberá hacer dentro de los primeros treinta días siguientes a su instalación.

Artículo transitorio 37. El primer Defensor del Pueblo será elegido por el Procurador General de la Nación, de terna enviada por el Presidente de la República, en un plazo no mayor de treinta días.

Capítulo VI

Artículo transitorio 38. El Gobierno organizará e integrará, en el término de seis meses, una Comisión de Ordenamiento Territorial, encargada de realizar los estudios y formular ante las autoridades competentes las recomendaciones que considere del caso para acomodar la división territorial del país a las disposiciones de la Constitución. La Comisión cumplirá sus funciones durante un período de tres años, pero la ley podrá darle carácter permanente. En este caso, la misma ley fijará la periodicidad con la cual presentará sus propuestas.

Artículo transitorio 39. Revístese al Presidente de la República de precisas facultades extraordinarias, por un término de tres meses, para expedir decretos con fuerza de ley mediante los cuales se asegure la debida organización y el funcionamiento de los nuevos departamentos erigidos como tales en la Constitución.

En ejercicio de estas facultades el Gobierno podrá suprimir las instituciones nacionales encargadas de la administración de las antiguas intendencias y comisarías y asignar a las entidades territoriales los bienes nacionales que a juicio del Gobierno deban pertenecerles.

Artículo transitorio 40. Son válidas las creaciones de municipios hechas por las Asambleas Departamentales antes del 31 de diciembre de 1990.

Artículo transitorio 41. Si durante los dos años siguientes a la fecha de promulgación de esta Constitución, el Congreso no dicta la ley a que se refieren los **Artículos** 322, 323 y 324, sobre régimen especial para el Distrito Capital de Santa Fe de Bogotá, el Gobierno, por una sola vez expedirá las normas correspondientes.

Artículo transitorio 42. Mientras el Congreso expide las leyes de que trata el **Artículo** 310 de la Constitución, el Gobierno adoptará por decreto, las reglamentaciones necesarias para controlar la densidad de población del Departamento Archipiélago de San Andrés, Providencia y Santa Catalina, en procura de los fines expresados en el mismo **Artículo.**

Capítulo VII

Artículo transitorio 43. Para financiar el funcionamiento de las nuevas instituciones y atender las obligaciones derivadas de la reforma constitucional que no hayan sido compensadas por disminución de gastos o traslados de responsabilidades, el Congreso podrá, por una sola vez disponer ajustes tributarios cuyo producto se destine exclusivamente a la Nación.

Si en un plazo de dieciocho meses, contados a partir de la instalación del Congreso, éste no ha efectuado tales ajustes fiscales y es evidente que los esfuerzos de la administración para hacer más eficiente el recaudo y para disminuir el gasto público a nivel nacional no han sido suficientes para cubrir los nuevos gastos, el Gobierno Nacional podrá, por una sola vez, mediante decreto con fuerza de ley, realizar dichos ajustes.

Artículo transitorio 44. El situado fiscal para el año de 1992 no será inferior al de 1991 en pesos constantes.

Artículo transitorio 45. Los distritos y municipios percibirán como mínimo, durante la vigencia fiscal de 1992, las participaciones en el impuesto al valor agregado IVA establecidas en la ley 12 de 1986. A partir de 1993 entrará a regir lo dispuesto en el **Artículo** 357 de la Constitución, sobre participación de los municipios en los ingresos corrientes de la Nación.

La ley, sin embargo, establecerá un régimen gradual y progresivo de transición a partir de 1993 y por un período de tres años, al cabo del cual entrarán en vigencia los nuevos criterios de distribución señalados en el citado **Artículo**. Durante el período de transición el valor que reciban los distritos y municipios por concepto de participaciones no será inferior, en ningún caso, al percibido en 1992, en pesos constantes.

Artículo transitorio 46. El Gobierno Nacional pondrá en funcionamiento, por un período de cinco años, un fondo de solidaridad y emergencia social, adscrito a la Presidencia de la República. Este fondo financiará proyectos de apoyo a los sectores más vulnerables de la población colombiana.

El fondo deberá buscar, además, recursos de cooperación nacional e internacional.

Artículo transitorio 47. La ley organizará para las zonas afectadas por aguda violencia, un plan de seguridad social de emergencia, que cubrirá un período de tres años.

Artículo transitorio 48. Dentro de los tres meses siguientes a la instalación del Congreso de la República el Gobierno presentará los proyectos de ley relativos al régimen jurídico de los servicios públicos; a la fijación de competencias y criterios generales que regirán la prestación de los servicios públicos domiciliarios, así como su financiamiento y régimen tarifario; al régimen de participación de los representantes de los municipios atendidos y de los usuarios en la gestión y fiscalización de las empresas estatales que presten los servicios, así como los relativos a la protección, deberes y derechos de aquellos y al señalamiento de las políticas generales de administración y control de eficiencia de los servicios públicos domiciliarios.

Si al término de las dos siguientes legislaturas no se expidieren las leyes correspondientes, el Presidente de la República pondrá en vigencia los proyectos mediante decretos con fuerza de ley.

Artículo transitorio 49. En la primera legislatura posterior a la entrada en vigencia de esta Constitución, el Gobierno presentará al Congreso los proyectos de ley de que tratan los **Artículos** 150 numeral 19 literal d, 189 numeral 24 y 335, relacionados con las actividades financiera, bursátil, aseguradora y cualquiera otra relacionada con el manejo, aprovechamiento e inversión de recursos captados del público.

Si al término de las dos legislaturas ordinarias siguientes, este último no los expide, el Presidente de la República pondrá en vigencia los proyectos, mediante decretos con fuerza de ley.

Artículo transitorio 50. Mientras se dictan las normas generales a las cuales debe sujetarse el Gobierno para regular la actividad financiera, bursátil, aseguradora y cualquier otra relacionada con el manejo, aprovechamiento e inversión de los recursos captados del público, el Presidente de la República ejercerá, como atribución constitucional propia, la intervención en estas actividades.

Artículo transitorio 51. Mientras se dicten las leyes correspondientes, la nueva Junta del Banco de la República que nombrará provisionalmente el Presidente dentro del mes siguiente a la entrada en vigencia de esta Constitución, asumirá las funciones que actualmente corresponden a la Junta Monetaria, las cuales cumplirá conforme a lo previsto en la Constitución.

La ley determinará las entidades a las cuales se trasladarán los fondos de fomento administrados por el Banco, el cual, entre tanto, continuará cumpliendo esta función.

El Gobierno presentará al Congreso, al mes siguiente de su instalación, el proyecto de ley relativo al ejercicio de las funciones del Banco y a las normas con sujeción a las cuales el Gobierno expedirá sus estatutos de conformidad con el **Artículo** 372 de la Constitución.

Si cumplido un año de la presentación de este proyecto no se ha expedido la ley correspondiente, el Presidente de la República lo pondrá en vigencia mediante Decreto con fuerza de ley.

Artículo transitorio 52. A partir de la entrada en vigencia de esta Constitución, la Comisión Nacional de Valores tendrá el carácter de Superintendencia. El Gobierno Nacional dispondrá lo necesario para la adecuación de dicha institución a su nueva naturaleza, sin perjuicio de lo que al respecto podrá disponer el Gobierno en desarrollo de lo establecido en el **Artículo** transitorio 20.

Artículo transitorio 53. El Gobierno tomará las decisiones administrativas y hará los traslados presupuestales que fueren necesarios para asegurar el normal funcionamiento de la Corte Constitucional.

Capítulo VIII

Artículo transitorio 54. Adóptanse, para todos los efectos constitucionales y legales, los resultados del Censo Nacional de Población y Vivienda realizado el 15 de octubre de 1985.

Artículo transitorio 55. Dentro de los dos años siguientes a la entrada en vigencia de la presente Constitución, el Congreso expedirá, previo estudio por parte de una comisión especial que el Gobierno creará para tal efecto, una ley que les reconozca a las comunidades negras que han venido ocupando tierras baldías en las zonas rurales ribereñas de los ríos de la Cuenca del Pacífico, de acuerdo con sus prácticas tradicionales de producción, el derecho a la propiedad colectiva sobre las áreas que habrá de demarcar la misma ley.

En la comisión especial de que trata el inciso anterior tendrán participación en cada caso representantes elegidos por las comunidades involucradas.

La propiedad así reconocida solo será enajenable en los términos que señale la ley.

La misma ley establecerá mecanismos para la protección de la identidad cultural y los derechos de estas comunidades, y para el fomento de su desarrollo económico y social.

Parágrafo 1.º Lo dispuesto en el presente **Artículo** podrá aplicarse a otras zonas del país que presenten similares condiciones, por el mismo procedimiento y previos estudio y concepto favorable de la comisión especial aquí prevista.

Parágrafo 2.º Si al vencimiento del término señalado en este **Artículo** el Congreso no hubiere expedido la ley a la que él se refiere, el Gobierno procederá a hacerlo dentro de los seis meses siguientes, mediante norma con fuerza de ley.

Artículo transitorio 56. Mientras se expide la ley a que se refiere el **Artículo** 329, el Gobierno podrá dictar las normas fiscales necesarias y las demás relativas al funcionamiento de los territorios indígenas y su coordinación con las demás entidades territoriales.

Artículo transitorio 57. El Gobierno formará una comisión integrada por representantes del Gobierno, los sindicatos, los gremios económicos, los movimientos políticos y sociales, los campesinos y los trabajadores informales, para que en un plazo de ciento ochenta días a partir de la entrada en vigencia de esta Constitución, elabore una propuesta que desarrolle las normas sobre seguridad social.

Esta propuesta servirá de base al Gobierno para la preparación de los proyectos de ley que sobre la materia deberá presentar a consideración del Congreso.

Artículo transitorio 58. Autorízase al Gobierno Nacional para ratificar los tratados o convenios celebrados que hubiesen sido aprobados, al menos, por una de las Cámaras del Congreso de la República.

Artículo transitorio 59. La presente Constitución y los demás actos promulgados por esta Asamblea Constituyente no están sujetos a control jurisdiccional alguno.

Artículo transitorio 60. Para los efectos de la aplicación de los **Artículos** 346 y 355 constitucionales y normas concordantes, el Plan Nacional de Desarrollo para los años 1993 y 1994 y hasta cuando entre en vigencia el aprobado por el Congreso de la República, en los términos y condiciones establecidos en la actual Constitución Política, será el que corresponda a las leyes anuales del Presupuesto de Rentas y de Apropiaciones de la Nación. El proyecto de ley respectivo presentado por el Gobierno desarrollará los programas, proyectos y planes aprobados por el Consejo Nacional de Política Económica y Social, Conpes.

Tratándose de Planes de Desarrollo Departamentales, Distritales y Municipales serán considerados los aprobados por la respectiva Corporación Pública Territorial.

Si presentado el Proyecto del Plan de Desarrollo por el respectivo Jefe de Administración de la entidad territorial, no fuere expedido por la Corporación Pública antes del vencimiento del siguiente período de sesiones ordinarias a la vigencia de este Acto legislativo, aquél por medio de Decreto le impartirá su validez legal. Dicho Plan regirá por el término establecido en la ley.

(**Artículo** Adicionado por Acto Legislativo Número 02 de 1993.)

Artículo transitorio. La Comisión Especial creada por el **Artículo** 38 transitorio también sesionará entre el 1.° y el 30 de noviembre de 1991, fecha en la cual cesará en sus funciones.

NOTA: Se hace referencia al **Artículo** 38 transitorio de la Comisión Codificadora o 6 de la Constitución.

Constancia

El suscrito como Secretario de la Asamblea Nacional Constituyente durante el período reglamentario deja constancia que firma la Constitución Política de Colombia de 1991 en dicho carácter, después de haber revisado el texto definitivo y encontrado que él corresponde esencialmente al articulado aprobado en segundo debate por la mencionada corporación en sus sesiones de los días 28, 29 y 30 de junio y 1.°, 2.°, y 3.°, de julio de 1991. Ese solo alcance tiene su refrendación al hacerlo en la fecha.

Bogotá, D.E., julio 6 de 1991.

JACOBO PÉREZ ESCOBAR,

Secretario General, Asamblea Nacional Constituyente (1991).

Libros a la carta

A la carta es un servicio especializado para
empresas,
librerías,
bibliotecas,
editoriales
y centros de enseñanza;
y permite confeccionar libros que, por su formato y concepción, sirven a los propósitos más específicos de estas instituciones.

Las empresas nos encargan ediciones personalizadas para marketing editorial o para regalos institucionales. Y los interesados solicitan, a título personal, ediciones antiguas, o no disponibles en el mercado; y las acompañan con notas y comentarios críticos.

Las ediciones tienen como apoyo un libro de estilo con todo tipo de referencias sobre los criterios de tratamiento tipográfico aplicados a nuestros libros que puede ser consultado en Linkgua-ediciones.com.

Linkgua edita por encargo diferentes versiones de una misma obra con distintos tratamientos ortotipográficos (actualizaciones de carácter divulgativo de un clásico, o versiones estrictamente fieles a la edición original de referencia).

Este servicio de ediciones a la carta le permitirá, si usted se dedica a la enseñanza, tener una forma de hacer pública su interpretación de un texto y, sobre una versión digitalizada «base», usted podrá introducir interpretaciones del texto fuente. Es un tópico que los profesores denuncien en clase los desmanes de una edición, o vayan comentando errores de interpretación de un texto y esta es una solución útil a esa necesidad del mundo académico.

Asimismo publicamos de manera sistemática, en un mismo catálogo, tesis doctorales y actas de congresos académicos, que son distribuidas a través de nuestra Web.

El servicio de «libros a la carta» funciona de dos formas.

1. Tenemos un fondo de libros digitalizados que usted puede personalizar en tiradas de al menos cinco ejemplares. Estas personalizaciones pueden ser de todo tipo: añadir notas de clase para uso de un grupo de estudiantes, introducir logos corporativos para uso con fines de marketing empresarial, etc. etc.

2. Buscamos libros descatalogados de otras editoriales y los reeditamos en tiradas cortas a petición de un cliente.